CONSUMO
SUSTENTÁVEL

A proteção do meio ambiente no
Código de Defesa do Consumidor

Leonardo de Medeiros Garcia

CONSUMO SUSTENTÁVEL

A proteção do meio ambiente no Código de Defesa do Consumidor

De acordo com a Lei 13.186/2015, que instituiu a Política de Educação para o Consumo Sustentável

Prefácio
Marcelo Gomes Sodré

Apresentação
Carla Amado Gomes

2016

www.editorajuspodivm.com.br

www.editorajuspodivm.com.br

Rua Mato Grosso, 175 – Pituba, CEP: 41830-151 – Salvador – Bahia
Tel: (71) 3363-8617 / Fax: (71) 3363-5050
• E-mail: fale@editorajuspodivm.com.br

Copyright: Edições *Jus*PODIVM

Conselho Editorial: Eduardo Viana Portela Neves, Dirley da Cunha Jr., Leonardo de Medeiros Garcia, Fredie Didier Jr., José Henrique Mouta, José Marcelo Vigliar, Marcos Ehrhardt Júnior, Nestor Távora, Robério Nunes Filho, Roberval Rocha Ferreira Filho, Rodolfo Pamplona Filho, Rodrigo Reis Mazzei e Rogério Sanches Cunha.

Diagramação: PVictor Editoração Eletrônica (*pvictoredit@gmail.com*)

Capa: Ana Caquetti

G216c   Garcia, Leonardo de Medeiros.
           Consumo sustentável: a proteção do meio ambiente no Código de Defesa do Consumidor / Leonardo de Medeiros Garcia – Salvador: JusPODIVM, 2016.
           168 p.

           Bibliografia.
           ISBN 978-85-442-0749-9.

           1. Direito Ambiental. 2. Preservação do meio ambiente. Normas antipoluição. I. Título.

                                                                       CDD 341.3477

Todos os direitos desta edição reservados à Edições *Jus*PODIVM.

É terminantemente proibida a reprodução total ou parcial desta obra, por qualquer meio ou processo, sem a expressa autorização do autor e da Edições *Jus*PODIVM. A violação dos direitos autorais caracteriza crime descrito na legislação em vigor, sem prejuízo das sanções civis cabíveis.

À minha esposa Germana

O apoio incondicional dela foi fundamental para buscar coragem e tranquilidade para enfrentar os obstáculos durante todo o processo que envolveu este trabalho.

Posso dizer como o Rei Lemuel, em Provérbios 31:10-11,

"Uma esposa exemplar, feliz quem a encontrar! É muito mais valiosa que os rubis.

Seu marido tem plena confiança nela e nunca lhe falta coisa alguma".

Posso afirmar, com toda certeza, que sou uma pessoa feliz. Tenho a esposa exemplar.

A ela, devo todo este trabalho.

"[...] o ato de consumir, em tese, se opõe a ideia de preservar e é preciso repensar esta relação. Por outro lado, a ideia ingênua de preservar corre o risco de esquecer a necessidade do homem de consumir. Repensar esta sociedade de uma forma realística é absolutamente imprescindível. Não se trata de opor preservação ao consumo, mas de buscar uma saída que pode ser denominada consumo sustentável."[1]

---

1   SODRÉ, Marcelo Gomes. Padrões de consumo e meio ambiente. **Revista de Direito do Consumidor**, São Paulo: RT, vol. 31, p. 29, jul. – set., 1999.

NOTA DO AUTOR

Os recursos naturais de nosso planeta possuem natureza finita. Da forma como estamos vivendo, comprometeremos seriamente a qualidade de nossas vidas e, principalmente, das futuras gerações.

Na sociedade de consumo em que vivemos, o consumidor é bombardeado com a oferta e a publicidade de produtos e de serviços, induzindo ao consumo desnecessário e supérfluo. A cada dia, mais e mais produtos são produzidos e descartados no meio ambiente sem a correta destinação, degradando o meio ambiente.

Nesse contexto, o estudo do consumo sustentável na sociedade atual é essencial para a melhora da qualidade de vida e para a garantia da sobrevivência das gerações futuras.

A conservação do meio ambiente e o uso racionalizado (sustentável) dos produtos e serviços devem ser objetivos do Estado e também da sociedade, tendo aquele um papel essencial na promoção da qualidade ambiental.

Além disso, fornecedores e consumidores são agentes importantes na proteção ambiental do nosso planeta. A informação, neste processo, exerce um papel fundamental. Somente com ampla e qualificada informação, o consumidor poderá realizar suas escolhas de maneira consciente, optando por produtos e por serviços menos poluentes, garantindo, assim, um consumo e desenvolvimento sustentável.

O presente trabalho tem como objetivo tratar de que forma o Código de Defesa do Consumidor pode ser utilizado para a promoção da defesa do meio ambiente, principalmente na sociedade atual de consumo.

Deste modo, propõe-se a realizar um estudo teórico, a partir de uma premissa geral que estabelece que a legislação consumerista, a qual está para ser alterada, com a inclusão da diretriz do consumo sustentável, promoverá maior proteção ao meio ambiente por meio do chamado consumo consciente e sustentável. Para tanto, realiza-se um estudo teórico aprofundado, aludindo aos teóricos que tratam da sociedade de consumo, bem como de estudiosos que abordam o Código de Defesa do Consumidor como um meio para se alcançar uma sociedade em que haja um consumo sustentável.

Inicialmente, será abordada a origem da chamada sociedade de consumo, mostrando como o consumo surgiu e como ele se tornou responsável pelas constantes preocupações dos ambientalistas.[2] Afinal, se o consumo precisa ser sustentável, de modo a não degradar o meio ambiente, precisamos entender em qual sociedade estamos inseridos.

Esta análise se torna ainda mais salutar quando contextualizado o desenvolvimento da sociedade de consumo no Brasil, uma vez que isso se deu de forma extremante rápida, não oportunizando a conscientização da população sobre os efeitos e impactos do novo momento. Depois, o enfoque será dado sobre o surgimento da temática do consumo sustentável. Com efeito, aborda questionamentos como – quando ocorreu seu surgimento? Por que e para qual finalidade? Por que o consumo passou, em certo momento, a ser a preocupação e o principal responsável pelas crises ambientais?

---

2   Nos últimos anos, multiplicaram-se as preocupações acerca do aumento do consumo no mundo e das decorrentes pressões sobre os recursos naturais. Entre 1996 e 2006, o consumo mundial aumentou em 28%, na verdade, avançou mais do que o sêxtuplo em relação aos níveis de 1960. Ainda que se considere o crescimento populacional – que se deu em uma razão de 2,2 no período de 1960 a 2006 –, o consumo *per capita* triplicou neste intervalo. Nesse sentido, vale verificar ICTSD. International Centre for Trade and Sustainable Development. Consumo e crescimento: novas fronteiras para o debate sobre mudanças climáticas. **Pontes**, Genebra, n. 3, v.6, 14 set. 2010. Disponível em: < http://www.ictsd.org/bridges-news/pontes/news/consumo-e-crescimento-novas-fronteiras--para-o-debate-sobre-mudan%C3%A7as>. Acesso em: 07 abr. 2015.

Após esta abordagem inicial, procurar-se-á demonstrar quais são os fundamentos constitucionais e legais para a aplicação do Código de Defesa do Consumidor, visando à promoção do consumo sustentável.

Ao final, como objetivo principal deste trabalho, será feita uma visão panorâmica do Código de Defesa do Consumidor, apontando, na legislação atual, os canais existentes que promovem a proteção ambiental e, portanto, o fomento ao consumo sustentável.

Pretende-se, assim, mostrar como a nossa lei de proteção ao consumidor, que está em vias de ser alterada para incluir o consumo sustentável como uma de suas diretrizes, pode ser utilizada para a proteção do meio ambiente por meio do chamado consumo consciente e sustentável.

APRESENTAÇÃO

Pede-me o Dr. Leonardo de Medeiros Garcia que escreva algumas palavras de apresentação do seu livro, que constituiu dissertação para obtenção do grau de Mestre na PUC São Paulo, subordinado ao título *Consumo sustentável: a proteção do meio ambiente no código de defesa do consumidor*.

Não tenho o prazer de conhecer pessoalmente o autor, vivemos em diferentes hemisférios, mas sei que tenho algo em comum com ele: o estatuto de consumidor(a). Essa afinidade, em conjunto com o meu interesse, enquanto Professora de Direito do Ambiente na Faculdade de Direito da Universidade de Lisboa, pelo tema do "consumo sustentável", levou-me a aceitar o simpático convite para introduzir esta obra.

Trata-se de um tema de inegável relevância, prática e teórica, e inquestionável actualidade. A sociedade de consumo que se instalou nas sociedades industriais do pós II Guerra tem crescido em vertiginosa espiral, arriscando depauperar as capacidades do Planeta. É comum, por alturas de Agosto de cada ano, assinalar-se o dia a partir do qual a Terra está a viver acima das suas possibilidades anuais[3], fruto do consumo desregrado (sobretudo) das economias ocidentais. Basta pensar em que, se todos vivêssemos como um residente no Kuwait, precisaríamos de 5,1 planetas para fazer face às nossas "necessidades" anuais[4]...

---

3   Este ano, o "Earth overshoot day" foi a 3 de Agosto – cfr. http://www.footprintnetwork. org/en/index.php/GFN/page/earth_overshoot_day/

4   Confrontem-se estes e outros dados sobre as "pegadas ecológicas" dos cidadãos de vários Estados recolhidos no artigo da BBC News, da autoria de Charlotte McDonald, **How many Earths do we need?,** 16 June 2015, disponível em http://www.bbc.com/news/magazine-33133712

Normalmente, a delapidação dos recursos da Terra é imputada à indústria, fruto dos seus índices de poluição. Porém, o que alimenta a indústria, o comércio, a agricultura intensiva, a pecuária, são os vorazes consumidores, pessoas como nós. Os consumidores são os grandes predadores do Planeta, e as estimativas de crescimento demográfico auguram o pior para as gerações vindouras, a manterem-se os padrões actuais de consumo[5].

Apesar de a Declaração do Rio 1992 apelar à travagem do consumo insustentável (no artigo 8), e de a ONU/PNUMA ter desenvolvido, através do Processo de Marrakech (*10 Year Framework of Programmes on Sustainable Consumption and Production,* lançado em 2003*),* uma estratégia de sensibilização mundial para o problema, em nenhum dos documentos referidos se encontra a definição de "consumo sustentável". Ela surge na Declaração final da Conferência de Oslo sobre Produção e Consumo sustentável (1994), que caracteriza consumo sustentável assim (tradução minha):

> "O uso de serviços e produtos relacionados que corresponda às necessidades básicas e promova a qualidade de vida da população enquanto minimiza o uso de recursos naturais e materiais tóxicos, bem assim como enquanto reduza a produção de resíduos e as emissões poluentes durante o ciclo de vida do produto/serviço, a fim de não comprometer as necessidades das gerações futuras".

Independentemente das actuações concretas a desenvolver para reconstruir os padrões de consumo de uma sociedade que não vai abdicar facilmente dos seus hábitos de bem estar – que por vezes são sobretudo comportamentos competitivamente ostentatórios –, importante é criar a

---

5   O Relatório da ONU **World population to 2300**, de 2004, avança uma estimativa de quase 10 biliões de pessoas em 2050 – disponível em http://www.un.org/esa/population/publications/ longrange2/WorldPop2300final.pdf

sensibilidade de reduzir o consumo segundo padrões de necessidade real e de responsabilidade intra e intergeracional. O conceito de ACV (análise do ciclo de vida) é um peça-chave na política de produção e consumo sustentáveis da União Europeia, devendo ser veiculado por produtores e assimilado pelos consumidores, com vista a melhorar a racionalidade ecológica das opções de consumo[6]. Trata-se, no fundo, de descrever a pegada ecológica do produto (o que importou em emissões de dióxido de carbono para a atmosfera; quanta água implicou a sua produção; quanta energia e de que tipo foi necessária à sua produção...) a fim de lhe fazer uma radiografia de sustentabilidade, e de permitir o confronto entre produtos através desta descrição.

Trata-se, como é facilmente apreensível, de uma formidável alteração de comportamentos, tanto do lado do produtor, como do consumidor. E também de uma tarefa de enorme complexidade, mais simples em caso de comércio de fruta produzida e consumida numa mesma região, bastante mais árdua se pensarmos na produção de automóveis, com fases multilocalizadas. Uma missão a longo prazo, apesar da urgência que representa...

O Mestre Leonardo de Medeiros Garcia traz, com este trabalho, um valioso contributo à promoção do consumo sustentável no Brasil, objetivo que constitui, de resto, política pública identificada no *Plano de Ação para Produção e Consumo Sustentáveis* (PPCS), lançado em 23 de Novembro de 2011. São as normas ínsitas no Código do Consumidor que constituirão o principal arsenal de reconversão de mentalidades, embora, como o Autor sublinha nas suas Conclusões, ainda seja necessário orientá-las mais precisamente para o objectivo da preservação do ambiente e da gestão racional dos recursos. Não esquecendo, claro, a educação, "a arma

---

6   Sobre a política de produção e consumo sustentáveis da União Europeia, veja-se Carla AMADO GOMES, **Consumo sustentável: ter ou ser, eis a questão**..., *in RMP*, nº 113 (2013), pp. 29 segs.

mais ponderosa que se pode utilizar para mudar o Mundo", como sabiamente observou Nelson Mandela.

Que os ensinamentos deste livro frutifiquem, na consciência dos políticos e dos consumidores, são os nossos votos.

Lisboa, outubro de 2015

Carla Amado Gomes
Professora da Faculdade de
Direito da Universidade de Lisboa
http://icjp.pt/corpo-docente/docente/1886

PREFÁCIO

Durante muito tempo a análise dos temas da modernidade tinham como pano de fundo o mundo da produção. Tudo começava e terminava na *revolução industrial*. Só recentemente, com o advento da ideia da pós-modernidade, é que o consumo passou a ser objeto teórico para a compreensão da vida contemporânea. Surgiu o que alguns autores passaram a denominar como *revolução do consumo*. Esta mudança de enfoque permitiu enxergar o consumidor como portador de direitos e também de deveres. Mas demorou para que os deveres viessem à tona. Desde a década de 1960 existe uma luta social para o respeito aos direitos do consumidor. Foi somente na década de 1990 que começou a pipocar – desculpe, mas não encontro outra palavra – a temática dos deveres dos consumidores. Em 1992, quando da realização da ECO 92 no Rio de Janeiro, os países presentes assumiram, no documento internacional denominado Agenda 21, que a principal razão da deterioração ambiental do planeta eram os padrões de produção e consumo. Frisemos: não apenas os padrões de produção, mas de consumo também. Assim, a crise ambiental fez com que a ideia de deveres fosse introduzida na vida dos consumidores, surgindo, então, o conceito de *consumo sustentável*. Um conceito que por sua generalidade serve para tudo e para nada, dependendo apenas de como é utilizado. O grande mérito do trabalho que apresento é que ele é muito feliz e profundo na forma de abordar o *consumo sustentável* no contexto da problemática jurídica atual.

Leonardo Garcia, pesquisador incansável, aceita como pressuposto que vivemos em uma sociedade de hiperconsumo na qual as pessoas são estimuladas a viverem, no limite, a felicidade presente. E o consumo é o veículo destas satisfações hedonistas. Utilizando-se das palavras de Lipovetsky, citadas no trabalho: *Comprem, gozem, essa é a verdade sem tirar nem por.* E o problema está colocado: como proteger o meio ambiente diante dos hábitos insustentáveis de consumo (e de produção)?

O interessante do livro de Leonardo Garcia é que, ao invés de inventar grandes propostas para o tema que se coloca, ele parte de um pressuposto, que pode parecer tímido, mas que é ousado: já existem instrumentos no atual Código de Defesa do Consumidor para proteger o meio ambiente. Quais são estes instrumentos? O centro do texto será uma resposta a esta pergunta. Quando digo que a proposta é ousada é porque ela busca tirar *leite de pedra*, ou seja, ver o que ninguém viu. Ou pelo menos ninguém sistematizou. E é ousada também porque joga as responsabilidades para os operadores do direito e não para os legisladores. Claro que as leis sempre podem ser melhoradas, mas é possível operar com o que já existe. Melhor dizendo: coabitam lado-a-lado os deveres dos consumidores e dos operadores do direito para a existência de um mundo mais saudável. Por óbvio, os deveres dos fornecedores continuam a ser peça central neste jogo da sobrevivência humana.

Quais seriam estes instrumentos? Dentre outros: (i) a leitura adequada dos princípios dispostos no art. 4º do CDC, com a conclusão de que *o princípio da sustentabilidade é um princípio implícito no direito do consumidor*; (ii) garantia das informações nos produtos e serviços a respeito de seus impactos e de seus riscos para o meio ambiente, o que permite a aplicação dos princípios da prevenção e da precaução; (iii) melhoria dos serviços públicos, otimizando as ações da administração pública; (iv) melhor controle da publicidade enganosa e abusiva de molde a coibir a divulgação de ideias que sejam prejudiciais ao meio ambiente e à saúde das pessoas; (v) valorização do papel das normas técnicas para a adequação de produtos e serviços a requisitos ambientais. Cada um destes temas é analisado com cuidado e profundidade. De todos estes, o que me parece mais interessante é o tema da informação ambiental. O autor faz uma longa exposição demonstrando que já existe a possibilidade de exigir dos fornecedores (e depois dos consumidores) ações concretas na prevenção dos danos ao meio ambiente por meio da garantia da correção e precisão da mensagem publicitária. Mas não apenas: outro veículo importante para a proteção do meio ambiente são os rótulos dos produtos e neste aspecto ainda existe muito a fazer.

Mas o texto nos oferece mais. Faz uma análise da recentíssima Lei Federal nº 13.186, de 11 de novembro de 2015, que instituiu uma Política de Educação para o Consumo Sustentável. E, por fim, analisa a proposta em discussão no Congresso Nacional, relacionada ao *consumo sustentável,* de alteração do Código de Defesa do Consumidor, Lei 8.078/90.

Este último ponto merece um cuidado especial. Além de ser Procurador do Estado do Espírito Santo e professor de direito do consumidor, com atuação de altíssima qualidade em ambas as funções, Leonardo Garcia tem uma atuação política/técnica importante. Na qualidade de especialista, tem exercido a função de consultor no Senado Federal nas discussões que envolvem os projetos de lei de atualização do Código de Defesa do Consumidor. E, nesta função, foi um dos responsáveis pela inclusão do consumo sustentável nos PLs em apreciação. Eu tive a felicidade de, a seu convite, apresentar sugestões sobre a melhor forma de incluir o tema do consumo sustentável no CDC (audiência pública no Senado no dia 14/11/2013) e, por conta de sua habilidade, tais propostas foram aceitas quase que em sua totalidade.

O presente trabalho foi defendido como parte das obrigações para a obtenção do título de mestre na PUC/SP. E, neste aspecto, Leonardo mostrou-se um aluno exemplar.

Mais do que um aluno. Quantas vezes sua atuação em sala de aula era a de um verdadeiro professor, mas sempre respeitoso com o titular da sala. Um pesquisador incansável, um leitor atento dos textos a serem discutidos, um debatedor de ideias profundas, um entusiasta do direito do consumidor e um exemplo para os colegas. Quantas vezes pude reparar que auxiliava a todos: com um livro, um comentário, um estímulo... Se ele afirma que fazer o mestrado na PUC/SP foi um divisor de águas na sua vida é porque ele viveu todos os momentos de forma intensa; o que nos contagiou. A presença de um aluno interessadíssimo em sala de aula faz com que se crie um círculo virtuoso. Os demais alunos sentem que também precisam estudar com a mesma seriedade. Todos nós aproveitamos deste momento único de sua vida. Obrigado.

Ao preencher o vazio do conceito de *consumo sustentável*, Leonardo Garcia preencheu nossas vidas com sua curiosidade acadêmica e seu entusiasmo pela proteção do meio ambiente. Colocar este ousado livro à disposição para nossa leitura é uma forma de ampliar e implementar os direitos e deveres dos consumidores.

Marcelo Gomes Sodré

SUMÁRIO

LISTA DE SIGLAS **23**

CAPÍTULO 1
SOCIEDADE DE CONSUMO.. **25**
1.1. Surgimento da sociedade de consumo – século XVI a XIX 25
1.2. Evolução (fases) da sociedade de consumo – século XX
até os dias atuais...35
1.3. Sociedade de consumo no Brasil...46

CAPÍTULO 2
O DESENVOLVIMENTO DA TEMÁTICA DO CONSUMO
SUSTENTÁVEL... **55**
2.1. Da explosão populacional ao impacto da produção....................55
2.2. Do impacto da produção ao impacto do consumo......................64

CAPÍTULO 3
A PROTEÇÃO DO CONSUMIDOR NO BRASIL **79**
3.1. Histórico da legislação até a edição do Código de Defesa
do Consumidor...79
3.2. A proteção do consumidor na Constituição Federal...................84
3.3. O Código de Defesa do Consumidor como norma
principiológica 90

CAPÍTULO 4
O CONSUMO SUSTENTÁVEL NO CÓDIGO DE DEFESA
DO CONSUMIDOR **93**
4.1. O consumo sustentável na formulação da política
nacional das relações de consumo 95

4.2. Princípio da informação ambiental ao consumidor 103

4.3. Melhoria dos serviços públicos como promoção ao consumo sustentável 125

4.4. A publicidade comercial e o consumo sustentável 127

4.5. As normas técnicas ambientais...137

4.6. Nulidade de cláusulas que violem normas ambientais..............139

CAPÍTULO 5
O CONSUMO SUSTENTÁVEL NAS ALTERAÇÕES DO CÓDIGO DE DEFESA DO CONSUMIDOR 143

CONCLUSÃO 149

ANEXO 1- LEI Nº 13.186/2015 -INSTITUI A POLÍTICA DE EDUCAÇÃO PARA O CONSUMO SUSTENTÁVEL............. 155

REFERÊNCIAS 157

LISTA DE SIGLAS

ADCT – Ato das Disposições Constitucionais Transitórias

BAP – Boletim Administrativo de Pessoal do Senado Federal

CADE – Conselho Administrativo de Defesa Econômica

CDC – Código de Defesa do Consumidor

CF – Constituição Federal

CMMAD – Comissão Mundial sobre o Meio Ambiente e Desenvolvimento da ONU

CONAR – Conselho Nacional de Autorregulamentação Publicitária

JPOI – Johannesburg Plan of Implementation

ONU – Organização das Nações Unidas

PLANDEC – Plano Nacional de Consumo e Cidadania

PLS – Projeto de Lei do Senado

PNUMA – Programa das Nações Unidas para o Meio Ambiente

PNRC – Política Nacional das Relações de Consumo

PNRS – Política Nacional dos Resíduos Sólidos

PPCS – Plano de Ação para Produção e Consumo Sustentáveis

STJ – Superior Tribunal de Justiça

Capítulo 1

SOCIEDADE DE CONSUMO

1.1. SURGIMENTO DA SOCIEDADE DE CONSUMO – SÉCULO XVI A XIX

Para muitos historiadores atuais, a significativa ruptura/transformação no mundo ocidental não se deu somente com a chamada "revolução industrial", mas também com a "revolução do consumo". A história do consumo, com suas implicações e consequências, principalmente nos aspectos sociais, foi negligenciada durante anos. Somente a análise de outras revoluções, entre elas a industrial, foi levada em consideração nas mudanças sofridas pelo mundo ocidental.

A oferta, como símbolo da revolução industrial, é companheira inseparável do outro lado da mesma moeda, qual seja, a demanda ou o consumo, símbolo da revolução do consumo. Se, por um lado, é inegável que a revolução industrial marcou um momento importante e histórico de mudanças sociais, não menos importantes são as consequências trazidas pelo consumo, como dito, negligenciado durante anos pelos sociólogos, historiadores, antropólogos, etc. Assim, foi dada demasiada ênfase à revolução industrial em detrimento de outras revoluções igualmente importantes, entre elas, a do consumo.

Isso por que a revolução do consumo trouxe consequências significativas para a sociedade, tendo modificado os conceitos ocidentais de tempo, espaço, sociedade, indivíduo e família, representando uma mudança nos gostos, nas preferências e nos hábitos de compra.[1] O consumo moderno é, neste sentido, resultado de vários séculos de profundas mudanças sociais, econômicas e culturais ocorridas no decorrer do tempo.

Para entender melhor a sociedade atual em que vivemos, é fundamental entender como a chamada "sociedade de consumo" surgiu e como ela foi formada.[2] É entendendo a história (passado) que podemos construir um futuro melhor, com soluções eficazes para os problemas atuais que vivemos.[3]

Não se sabe, ao certo, quando ocorreu precisamente o surgimento da sociedade de consumo. O comércio de bens e serviços sempre existiu. Mas foi em um determinado momento histórico que o mercado de consumo passou a dominar as demais relações sociais, sendo justamente neste instante que nasceu a chamada "sociedade de consumo".

McCracken nos informa que o trabalho de um novo grupo de especialistas, os quais recentemente se debruçaram sobre o tema do consumo e seus impactos sociais, é diversificado.[4] Não há consenso, entre eles, sobre o momento histórico que

---

1. McCRACKEN, Grant. **Cultura e Consumo**: novas abordagens ao caráter simbólico e das atividades de consumo. Rio de Janeiro: Mauad, 2003, p. 21.

2. Lipovetsky explica que a expressão "sociedade de consumo" apareceu pela primeira vez na década de 1920 e que se popularizou nas décadas de 1950 – 1960. (LIPOVETSKY, Gilles. **A felicidade paradoxal**: ensaio sobre a sociedade de hiperconsumo. Trad. de Maria Lúcia Machado. São Paulo: Companhia das Letras, 2007, p. 23.) Para Lívia Barbosa, "sociedade de consumo é um dos inúmeros rótulos utilizados por intelectuais, acadêmicos, jornalistas e profissionais de marketing para se referir à sociedade contemporânea. Ao contrário de termos como sociedade pós-moderna, pós-industrial e pós-iluminista – que sinalizam para o fim ou ultrapassagem de uma época – sociedade de consumo, à semelhança das expressões sociedade da informação, do conhecimento, do espetáculo, de capitalismo desorganizado e de risco, entre outras, remete o leitor para uma determinada dimensão, percebida como específica e, portanto, definidora, para alguns, das sociedades contemporâneas". (BARBOSA, Lívia. **Sociedade de consumo**. Rio de Janeiro: Jorge Zahar Editor, 2004, p. 7)

3. Neste sentido, de acordo com a proposta deste trabalho – de abordar a legislação consumerista para melhor regulamentar e promover o consumo sustentável –, entender a atual sociedade de consumo em que vivemos, com seus hábitos e culturas e, principalmente, como ela foi formada, será fundamental para se alcançar o objetivo proposto.

4. Lívia Barbosa nos informa que esta mudança ocorreu a partir da década de 1980, quando o consumo passou a despertar interesse sociológico como um tema em si mesmo. Segundo a autora, as origens históricas da moderna sociedade de consumo são alvos de muitas controvérsias, que poderiam ser divididas em dois tipos: um que se preocupa

teria "marcado" a chamada sociedade de consumo, o que, segundo o referido autor, teria como vantagem analisar os vários pontos de vista das origens e do desenvolvimento do consumo moderno.[5]

Em "Cultura e consumo: novas abordagens ao caráter simbólico dos bens e das atividades de consumo", Grant McCracken traça um painel sobre a tentativa de se descobrir as origens da revolução do consumo a partir de três estudos sociológicos: o de Neil McKendrick[6], o de Rosalind H. Williams[7] e o de Chandra Mukerji[8].

Para Neil McKendrick, a fim de enfatizar o desenvolvimento do aspecto da demanda na revolução industrial, explica que a descoberta do nascimento da revolução do consumo se deu na Inglaterra do século XVIII, marcado inicialmente pelo entusiasmo do consumidor inglês pelos tecidos (chita e as musselinas) importados da Índia em 1690. A comercialização da moda, segundo o autor, foi a primeira indicação dos novos gostos de consumo, influenciando a produção e as importações, com a rápida obsolescência dos estilos, o aparecimento das técnicas de marketing como o manequim, a propagação mais rápida do conhecimento dos padrões de moda, entre outros.[9]

Já Rosalind Williams cita a França do século XIX, por meio do comércio varejista e da publicidade, transformando Paris em um "plano piloto do consumo de massa". As exposições em

---

com o "quando" e outro com "o que" mudou. (BARBOSA, Lívia. **Sociedade de consumo**. Rio de Janeiro: Jorge Zahar Editor, 2004, p 13 – 15)

5. McCRACKEN, Grant. **Cultura e Consumo**: novas abordagens ao caráter simbólico e das atividades de consumo. Rio de Janeiro: Mauad, 2003, p. 22.

6. McKENDRICK, Neil; BREWER, John; PLUMB, J. H. **The Birth of a Consumer Society**: The Commercialization of Eighteenth-Century England. Bloomington: Indiana University Press, 1982.

7. WILLIANS, Rosalind H. **Dream Worlds**: Mass Consumption in Late Nineteenth Century France. Berkeley: University of California Press, 1982.

8. MUKERJI, Chandra. **From Graven Images**: Patterns of Modern Materialism. Nova Iorque: Columbia University Press, 1983.

9. McCRACKEN, Grant. **Cultura e Consumo**: novas abordagens ao caráter simbólico e das atividades de consumo. Rio de Janeiro: Mauad, 2003, p. 23.

Paris de 1889 e 1900 foram os primeiros meios de consumo de massa, contribuindo decisivamente para o desenvolvimento da loja de departamento e das feiras de negócios.[10]

Para Chandra Mukerji, uma cultura consumista pode ser verificada na Inglaterra dos séculos XV e XVI, com o advento da imprensa. O trabalho de Mukerji é destacado pela valorização do caráter simbólico e comunicativo dos objetos, interessando-se na análise cultural do comportamento econômico e no modo pelo qual os bens de consumo carregam significado cultural.[11]

Grant McCracken, por sua vez, aponta três momentos decisivos na história do consumo através do que ele intitula de "*boom de consumo*", funcionando como propulsores de novos padrões de produção, troca e demanda, marcadores do desenvolvimento do Ocidente. São eles: o *boom* de consumo dos séculos XVII, XVIII, XIX.[12]

O autor aponta os primórdios do que hoje se conhece como "sociedade de consumo" na passagem do século XVI para o XVII, na Inglaterra, explicando que, nos últimos vinte e cinco anos do século XVI, ocorreu um espetacular *boom* de consumo. O reinado da rainha Elisabeth I (1533-1603) foi um período de enormes gastos pelos nobres e pela própria monarca. Isso se deu basicamente em razão de dois fatores: primeiro porque a rainha utilizou a despesa como um instrumento de governo e, segundo, a competição social que tomou lugar entre a nobreza elisabetana.[13]

---

10. McCRACKEN, Grant. **Cultura e Consumo**: novas abordagens ao caráter simbólico e das atividades de consumo. Rio de Janeiro: Mauad, 2003, p. 26.
11. Conforme ensina Grant McCracken, "as ciências históricas e sociais poderão ajudar em nossa compreensão de tal gênese somente quando reconhecerem totalmente a extensão e a complexidade do significado cultural que os bens de consumo carregam em si, e então buscarem determinar exatamente como este significado, por intermédio dos bens de consumo, começarem a ajudar a transformar o Ocidente moderno." (McCRACKEN, Grant. **Cultura e Consumo**: novas abordagens ao caráter simbólico e das atividades de consumo. Rio de Janeiro: Mauad, 2003, p. 29)
12. McCRACKEN, Grant. **Cultura e Consumo**: novas abordagens ao caráter simbólico e das atividades de consumo. Rio de Janeiro: Mauad, 2003, p. 30.
13. McCRACKEN, Grant. **Cultura e Consumo**: novas abordagens ao caráter simbólico e das atividades de consumo. Rio de Janeiro: Mauad, 2003, p. 30.

A corte elizabetana utilizou-se da moda para efetuar um controle social e político. A nobreza britânica se enfraqueceu economicamente e se tornou dependente da Rainha. Como estratégia política, Elisabeth I transferiu para ela a concessão de recursos para os nobres, o que antes era feito por intermediários. Com isso, os nobres foram obrigados a se deslocarem pessoalmente até a corte, com toda a cerimônia que isso exigia, para serem contemplados pela generosidade real. Os custos dos nobres aumentaram de maneira avassaladora, tornando-os ainda mais dependentes da Rainha, que "sorria apenas para aqueles que demonstravam lealdade e deferência através de uma participação ativa na ordem cerimonial de sua corte."[14]

Os nobres estabeleceram novos padrões de consumo. Foram instigados a gastarem mais com eles próprios do que com suas famílias e com sua região local. Reformaram suas casas de campo, que ficaram mais sofisticadas e passaram a ter uma casa em Londres, aumentando consideravelmente a despesa. Mudaram os padrões de hospitalidade, com gastos excessivos em banquetes e vestuários[15], passando a hospedar outros nobres e até mesmo, eventualmente, a rainha. Um clima de competição foi instaurado, uma vez que agora os nobres precisavam estar frequentemente na corte disputando a atenção e os recursos da realeza.

Se em suas regiões locais os nobres exerciam influência e autoridade, gozando de posição hierárquica, na Corte eram mais um na busca por reconhecimento. Importava, mais do que nunca, o status, a honra, a posição social e a relação pessoal com a monarca, que utiliza deste subterfúgio para criar uma dependência dos nobres.

---

14. McCRACKEN, Grant. **Cultura e Consumo**: novas abordagens ao caráter simbólico e das atividades de consumo. Rio de Janeiro: Mauad, 2003, p. 31.

15. McCracken cita, como exemplo de esbanjamento, a refeição servida antes do jantar. Os convidados sentavam-se diante de vastos banquetes somente para vê-lo removidos, dispensados e substituídos por outros ainda mais extravagantes. (McCRACKEN, Grant. **Cultura e Consumo**: novas abordagens ao caráter simbólico e das atividades de consumo. Rio de Janeiro: Mauad, 2003, p. 30)

Uma das consequências sociais marcantes deste novo padrão de consumo dos nobres londrinos, incentivados pela corte elizabetana e pela busca de status, foi a chamada "morte da hospitalidade", afetando sensivelmente a sociedade da época. O nobre era o porto através do qual os recursos chegavam até as regiões locais. Assim, os membros da comunidade local recorriam aos nobres para satisfação de suas necessidades e de seus anseios. Quando o nobre começou a gastar mais com si próprio (vestuário, hospitalidade, etc), a generosidade local ficou abalada. Os recursos que antes eram distribuídos localmente, agora passaram a ser usados pelo nobre em outra destinação.

Além disso, o consumo tradicional familiar era um assunto coletivo. As famílias produziam em grande parte para o consumo de suas próprias necessidades. As escolhas individuais encontravam-se subordinadas e condicionadas ao grupo familiar. A preocupação era manter o chamado "culto do status familiar".

O status familiar tinha como resultante os esforços de cada geração para aumentar a posição e a honra das gerações seguintes. Assim, o sucesso de uma geração era considerado como o fruto dos esforços das gerações passadas, colocando, desde modo, um débito para as gerações futuras, que deveriam ter a mesma responsabilidade.

Os bens adquiridos, longe de uma finalidade individual, eram para a manutenção do status familiar e, assim, deveriam ter certos requisitos e qualidades especiais. A ideologia da época prestigiava o antigo. O novo era sinal de comum, algo sem valor. Os bens tornavam-se cada vez mais valiosos à medida que iam ficando mais antigos. Surge o "aspecto pátina", produzida pelo uso, como sinal de garantia de posição e status. Somente algumas mobílias e casas, por apresentarem a característica da antiguidade, seriam bens de valor para uma família nobre.

O deslocamento dos recursos do seio familiar e local da comunidade comprometeu seriamente o culto do status familiar e a prática da hospitalidade local. Como o nobre não mais tinha recursos suficientes para satisfazer as demandas familiares e da localidade, ocorreu uma mudança na unidade de consumo, alterando-se de familiar para individual.

A preocupação não era mais a manutenção do status de longa data familiar, mas sim a competição por status social. Como salientado, foi um período em que a nobreza gastou muito para uso pessoal para conquistar a atenção da rainha. Este processo ajudou a transformar as propriedades simbólicas dos bens de consumo da *"pátina"* para a *"moda"*. A preocupação não era mais com a longevidade dos bens consumidos, mas, de forma imediata, adquirir produtos em busca de status e diferenciação social.

Com a "morte da hospitalidade" para o grupo local, houve o distanciamento e o enfraquecimento da relação entre superiores e subordinados. O estilo de vida uniforme que vigorava até então na sociedade passou por mudanças e agora uma radical diferenciação ocorreu.

Os estilos de consumo de ambas as classes se distanciou. Enquanto os nobres londrinos se atentavam para um novo padrão de consumo, com vestuários luxuosos e gastos exuberantes em mobílias e artefatos, os subordinados viam atônitos este processo de novas demandas e excessos. Com o tempo, os novos padrões de consumo iriam ser desejados pelas classes subordinadas, preparando o caminho para explosões de consumo posteriores, com a participação de grupos que até então estavam excluídos desta nova realidade.

Num segundo momento da sociedade, superado então o consumo da *"pátina"*, o século XVIII propiciou um significativo crescimento do consumo. Para Neil McKendrick, foi no século XVIII que se deu o que se conhece hoje por sociedade de consumo e os primórdios de nossa própria cultura de consumo moderna. A revolução do consumo se dá ao mesmo tempo em que ocorre a revolução industrial. Para o referido autor, a competição social herdada do período Elizabetano foi a "força-motriz" desta revolução.[16] O consumo era realizado com entusiasmo na busca incessante por status social.[17]

De fato, a revolução industrial marca de maneira significativa um novo período em que não somente a produção importa, mas também o consumo. Produção e consumo andam juntos, havendo, sobretudo, um interesse pelo novo, deixando para trás as tradições e os bens de família. O consumo deixa de ser familiar e passa a ser individual. Em lugar de uma herança de família, os bens passam a ser possuídos por meio da compra pessoal e não mais devido à necessidade.

Por causa da revolução industrial, há um crescimento substancial de mercados no tempo e no espaço, assim como uma explosão de escolhas de consumo. As classes subordinadas, que antes somente contemplavam os novos gostos de consumo dos nobres, agora podiam participar ativamente deste processo. Esta participação mais maciça das classes subordinadas propiciou o primeiro "consumo de massa" no mundo ocidental.[18]

---

16. Segundo o autor, "a natureza rigorosamente estratificada da sociedade inglesa, o empenho para obter mobilidade social vertical, a despesa emulativa e o poder compulsivo da moda engendrados pela competição social – combinaram-se amplamente com a disseminada capacidade de gastar (proporcionada por novos níveis de prosperidade) para produzir uma propensão ao consumo sem precedentes." (McKENDRICK, apud McCRACKEN, Grant. **Cultura e Consumo**: novas abordagens ao caráter simbólico e das atividades de consumo. Rio de Janeiro: Mauad, 2003, p. 37)

17. McKendrick destaca as novas características do consumo e como foram significativas as mudanças ocorridas neste período: "Aquilo que homens e mulheres uma vez esperaram herdar de seus pais, agora tinham a expectativa de comprar por si mesmos. Aquilo que uma vez foi comprado sob os ditames da necessidade, agora era comprado sob os ditames da moda. Aquilo que antes era comprado uma vez na vida, agora podia ser comprado várias e várias vezes. Aquilo que uma vez esteve disponível somente em dias solenes e feriados através da agência de mercados, feiras e vendedores ambulantes era cada vez mais posto à disposição todos os dias, com exceção de domingo, pela agência adicional de uma rede sempre crescente de lojas e comerciantes. Como resultado, as "luxúrias" passaram a ser vistas como meros "bons costumes", e os "bons costumes" passaram a ser vistos como "necessidades". Mesmo as "necessidades" sofreram dramática metamorfose em estilo, variedade e disponibilidade". (McKENDRICK, apud McCRACKEN, Grant. **Cultura e Consumo**: novas abordagens ao caráter simbólico e das atividades de consumo. Rio de Janeiro: Mauad, 2003, p. 37)

18. A competição social foi muito bem explorada por meio do efeito "trickle-down". O consumo de bens é marcado por uma progressiva alteração no sistema de gostos en-

O marketing e a publicidade passam a ter um papel fundamental neste novo momento. Revistas de moda, modelos de beleza, inserção dos manequins, colunas de publicidade na imprensa inflamam o consumidor do século XVIII, que agora está diante de um novo volume de informação e influência. O que antes era escolhido por mera preferência pessoal e tradição local, agora passa a ser feito em um ambiente artificialmente estimulado pelas forças do mercado.

Com a ascensão da moda e o maior acesso das classes populares aos bens de consumo, o ato de consumir passa a ser gradativamente um representativo de estilo e estética, em lugar de utilidade e função.[19]

O fator decisivo agora é o estar na moda, pouco importando se o bem tenha se exaurido ou não em sua utilidade. O uso dos bens para expressar status não está mais ligado ao aspecto *"pátina"*, mas sim ao novo. A novidade dos bens é que passa a ser utilizada como meio de expressar status social.[20]

O consumo passa a ser um caminho para a expressão da identidade individual. Conforme Colin Campbell, cada vez

---

tre camadas superiores e inferiores. As inferiores procuram imitar o estilo e as práticas das classes superiores em busca de prestígio, reconhecimento e status, o que força as camadas dominantes a constantemente alterarem seus símbolos de prestígio e de preferência, adotando novos indicadores de status que expressem distinção e distância social, abandonando aqueles já populares. Assim, dois princípios estão contidos no efeito "trickle-down": da imitação e da diferenciação. Estes processos de imitação e de diferenciação são progressivos. Sempre que há imitação da classe inferior, a classe superior buscará a diferenciação. McCracken, ao tratar do efeito "trickle-down", ocorrido neste período, aduz que "a Europa hierárquica que sempre observava modas no vestuário começou na corte e foi se deslocando em direção à nobreza, à pequena nobreza, às classes médias e às classes baixas, conduzida inexoravelmente pelo duplo mecanismo de imitação dos subordinados e de diferenciação dos superiores." (McCRACKEN, Grant. **Cultura e Consumo**: novas abordagens ao caráter simbólico e das atividades de consumo. Rio de Janeiro: Mauad, 2003, p. 38)

19. McCracken cita que os observadores contemporâneos, ao analisarem a intensidade de mudanças ocorridas na sociedade de consumo, aduzem que havia ocorrido uma "loucura epidêmica" na Inglaterra neste período. (McCRACKEN, Grant. **Cultura e Consumo**: novas abordagens ao caráter simbólico e das atividades de consumo. Rio de Janeiro: Mauad, 2003, p. 37)

20. McCRACKEN, Grant. **Cultura e Consumo**: novas abordagens ao caráter simbólico e das atividades de consumo. Rio de Janeiro: Mauad, 2003, p. 40.

mais as pessoas eram incitadas a supor que o *self* é construído por meio do consumo e que o consumo expressa o *self*.[21]

Por sua vez, a redefinição do status através da novidade em detrimento da pátina, principalmente por meio da moda, trouxe como consequência a obsolescência. A moda, nos dizeres de Lipovetsky, é o *"império do efêmero"*[22]. Para se "estar na moda", era preciso substituir seguidamente os bens, atribuindo, assim, ao consumo, uma nova e constante atividade social.[23] Atividade que, por ser constante, geraria um novo ônus ao consumidor: a necessidade de um conjunto de informações e tempo disponível para, primeiro saber o que está na moda e, segundo, ter tempo para consumir.[24]

No terceiro momento da sociedade, analisada pelo viés do consumo, temos o século XIX citada por McCracken. Neste período, não houve nenhum *"boom do consumo"*. Isso porque os séculos anteriores, principalmente o XVIII, já haviam implantado na sociedade a ideia do consumo permanente. Consumo e sociedade já estavam mutuamente interligados em um contínuo processo de mudanças.[25]

Embora não tenha sido um período de *boom* de consumo, foi marcado por mudanças significativas que vão im-

---

21. CAMPBELL, Colin. **A Ética Romântica e o Espírito do Consumismo Moderno**. Rio de Janeiro: Rocco, 2001, p. 42.

22. Nome de um livro lançado por Lipovetsky em que aborda justamente a moda e o seu destino nas sociedades modernas.

23. De acordo com Baudrillard, a nossa civilização vive em função dos objetos, diferentemente das civilizações anteriores, nas quais os objetos sobreviviam às gerações humanas. Ele afirma que "vivemos o tempo dos objetos: quero dizer que existimos segundo o seu ritmo e em conformidade com a sua sucessão permanente. Atualmente, somos nós que os vemos nascer, produzir-se e morrer, ao passo que, em todas as outras civilizações anteriores, eram os objetos, instrumentos ou monumentos perenes, que sobreviviam às gerações humanas". (BAUDRILLARD, Jean. **A Sociedade de Consumo**. Rio de Janeiro: Elfos, 1995, p. 15-16)

24. Nos dizeres de McCracken: "em suma, cada vez mais o comportamento social convertia-se em consumo e o indivíduo era mais e mais subordinado a um papel de consumidor. [...] "O mundo dos bens" estava se constituindo firmemente como coextensivo ao mundo da vida social". (McCRACKEN, Grant. **Cultura e Consumo**: novas abordagens ao caráter simbólico e das atividades de consumo. Rio de Janeiro: Mauad, 2003, p. 40-43)

25. McCRACKEN, Grant. **Cultura e Consumo**: novas abordagens ao caráter simbólico e das atividades de consumo. Rio de Janeiro: Mauad, 2003, p. 43.

pactar o consumo até os dias atuais. No lugar dos produtos a granel, em sua maioria anônimos, passaram a predominar os produtos padronizados e caracterizados, especialmente, por sua marca.

Além da inserção de novas técnicas de marketing e de novos significados culturais embutidos aos bens, outro fator que possibilitou o grande crescimento do consumo, neste período do século XIX, foi a criação de grandes magazines e lojas de departamento.

Surgiram primeiro na França na segunda metade do século XIX, tendo como exemplo o *Printemps*, fundado em 1865, e o *Le Bom Marché*, em 1869. A criação desses estabelecimentos inaugurou a distribuição em massa dos produtos, ao basearem suas políticas de vendas em posturas agressivas e sedutoras. [26]

A partir deste momento, o consumo adentra de vez na sociedade, tornando-se uma necessidade atual e que irá alterar profundamente as relações sociais. Desta forma, percebe-se que a formação da sociedade de consumo desenvolveu-se ao longo de vários séculos, passando por momentos diversos e consolidando-se como característica estrutural da vida social a partir do século XIX.

1.2. EVOLUÇÃO (FASES) DA SOCIEDADE DE CONSUMO – SÉCULO XX ATÉ OS DIAS ATUAIS

Gilles Lipovestsky, em sua obra, "*Felicidade Paradoxal: ensaio sobre a sociedade de hiperconsumo*", classifica a evolução da sociedade de consumo em três etapas históricas. Assim, feita a abordagem histórica dos primórdios do que se hoje se chama por "sociedade de consumo", importante expor os períodos citados pelo referido autor, que tem o seu primeiro ciclo iniciado em 1880, uma vez que visa descrever

---

26. Será abordado mais sobre o século XIX, quando tratarmos sobre as fases históricas do consumo propostas por Gilles Lipovestsky.

a evolução sofrida pela sociedade de consumo no século XX até os dias de hoje.

A primeira fase, chamada de *consumo-sedução* e *consumo-distração*, vai de 1880 até o fim da segunda guerra mundial (1945). Durante este período houve significativa evolução das infraestruturas de comunicação e transporte, como os correios, o telégrafo, o telefone e as estradas de ferro. Estes novos recursos permitiram o crescimento do comércio em larga escala e a ampliação da rede de comunicação entre os povos.

A reestruturação das fábricas, com processos contínuos de produção e com maior velocidade, atrelada à organização científica do trabalho, gerou um grande aumento da produtividade com custos mais baixos, abrindo caminho para os mercados de massa.[27]

Com os preços dos produtos mais baixos, propiciou uma democratização do acesso aos bens. [28]O lucro era obtido por meio do volume das vendas. Para isso, de modo a alcançar o máximo de consumidores possíveis, propiciava não o aumento, mas sim a baixa nos preços dos produtos.

Neste período, segundo o autor, ocorreu uma tríplice invenção: *a marca, o acondicionamento dos produtos e a publicidade.* Houve o desenvolvimento da publicidade de massa por meio da criação de marcas, que passaram a ser popularizadas e conhecidas em âmbito internacional, como a Coca-Cola, a Kodak, a Heinz, a Quaker Oats e Procter e Gamble.[29]

---

27. Lipovetsky cita que, graças à linha de montagem móvel, o tempo de trabalho necessário à montagem de um chassi do modelo "T" da Ford passou de doze horas e 28 minutos, em 1910, para uma hora e 33 minutos, em 1914. (LIPOVETSKY, Gilles. **A felicidade paradoxal**: ensaio sobre a sociedade de hiperconsumo. São Paulo: Companhia das Letras, 2007, p. 27)

28. Lipovetsky explica que, embora tenha o consumo se tornado uma realidade para um número maior de pessoas, este processo ficou limitado. Isso porque, neste período, havia poucas famílias que tinham condições de adquirir os produtos modernos fabricados. Assim, esta primeira fase, segundo o autor, criou um consumo de massa inacabado, com predominância burguesa. (LIPOVETSKY, Gilles. **A felicidade paradoxal**: ensaio sobre a sociedade do hiperconsumo. São Paulo: Companhia das Letras, 2007, p. 29)

29. Lipovetsky cita o investimento que foi feito em publicidade no período. Segundo o autor, de 11 mil dólares em 1892, as despesas publicitárias da Coca-cola elevam-se a 100 mil

Os produtos, anteriormente vendidos a granel (anônimos), passaram a ser distinguidos pela marca e vendidos em embalagens dos fabricantes, dando início às relações diretas entre o fabricante do produto e seu cliente através da fidelização às marcas.

Assim, com a invenção da marca, do acondicionamento e da publicidade, alterou a antiga relação entre comerciante e consumidor. O consumidor dos tempos modernos passou a comprar sem a necessária intermediação do comerciante, estando mais atrelado à marca (assinatura) dos produtos.[30]

O surgimento dos grandes magazines nos Estados Unidos e na Europa, que vendiam grande variedade de produtos a preços baixos, foi outra marca deste período.[31] Para Lipovetsky, houve a "democratização do desejo", influenciando decisivamente na alteração do estilo de vida e na criação do *"consumo-sedução"* e do *"consumo-distração"*.[32]

A segunda fase, denominada por Lipovetsky como *sociedade da abundância*, ocorre entre 1950, no período após a segunda guerra até o final da década de 70.

Nesta fase, percebeu-se um grande desenvolvimento econômico em virtude do crescimento excepcional da produção e do trabalho. Aumentou-se o poder de compra e os

---

em 1901; 1,2 milhão em 1912 e 3,8 milhões em 1929. (LIPOVETSKY, Gilles. **A felicidade paradoxal**: ensaio sobre a sociedade do hiperconsumo. São Paulo: Companhia das Letras, 2007, p. 29)

30. LIPOVETSKY, Gilles. **A felicidade paradoxal**: ensaio sobre a sociedade do hiperconsumo. São Paulo: Companhia das Letras, 2007, p. 30.

31. Na França, foram criados os já citados Printemps em 1865 e o Le Bon Marché em 1869. Nos Estados Unidos, foram criados o Macy's e o Bloomingdale's.

32. Segundo Lipovetsky, "o grande magazine não vende apenas mercadorias, consagra-se a estimular a necessidade de consumir, a excitar o gosto pelas novidades e pela moda por meio de estratégias de sedução que prefiguram técnicas modernas do marketing. Impressionar a imaginação, despertar o desejo, apresentar a compra como um prazer, os grandes magazines foram, com a publicidade, os principais instrumentos da elevação do consumo a arte de viver e o emblema da felicidade moderna. Enquanto os grandes magazines trabalhavam para "desculpabilizar" o ato de compra, o shopping, o 'olhar das vitrines' tornou-se uma maneira de ocupar o tempo, um estilo de vida das classes médias". (LIPOVETSKY, Gilles. **A felicidade paradoxal**: ensaio sobre a sociedade do hiperconsumo. São Paulo: Companhia das Letras, 2007, p. 31)

bens de consumo passaram a ser acessíveis à grande maioria da população, de forma que as massas se viram imersas no universo dos bens duráveis, do lazer, da moda e do crédito.[33] Nos dizeres de Eric Hobsbawn, trata-se da era de ouro do capitalismo.[34]

A difusão do modelo tayloriano-fordista de organização da produção contribuiu efetivamente para o crescimento da sociedade de consumo, por ter sido a chave para a excepcional alta da produtividade e o aumento dos salários. Por meio deste modelo, os produtos passaram a ser produzidos de maneira padronizada, instalando-se, a "lógica-moda", ou seja, a criação de meios para reduzir a vida útil das mercadorias a fim de manter a produção e o consumo sempre em níveis elevados.

Com a produção e o consumo em massa, houve a necessidade de uma distribuição em massa. Assim, foram criados grandes espaços com autosserviços, facilitando a "saída" dos produtos.[35]

Nesta fase, a sociedade de consumo se consolidou na vida cotidiana. O processo de construção do sujeito se estabelece com a participação individual no mercado de consumo. A posição social é determinada pela aquisição dos objetos da moda. Neste sentido, não interessa o que se é, mas o que se aparenta.[36]

Vale ressaltar que, nesta análise das fases I e II, feita por Lipovetsky, não há menção direta à influência exercida pelos meios de comunicação na sociedade de consumo. Porém,

---

33. LIPOVETSKY, Gilles. **A felicidade paradoxal**: ensaio sobre a sociedade do hiperconsumo. São Paulo: Companhia das Letras, 2007, p. 32-33.

34. HOBSBAWN, Eric. **Era dos Extremos**: o Breve Século XX: 1914 – 1991. 2. ed. São Paulo: Companhia das Letras, 2003.

35. Lipovetsky lembra que o primeiro hipermercado é desta época. O Carrefour foi inaugurado em 1963 na França. (LIPOVETSKY, Gilles. **A felicidade paradoxal**: ensaio sobre a sociedade do hiperconsumo. São Paulo: Companhia das Letras, 2007, p. 34)

36. LEMOS, Patrícia Faga Iglecias; SODRE, Marcelo. Consumo Sustentável. **Caderno de Investigações Científicas**, Brasília, vol. III, Brasília: Escola Nacional de Defesa do Consumidor do Ministério da Justiça, 2013.

vale considerar que, junto à fase I, temos o surgimento e a expansão do cinema e do rádio e, na fase II, o estabelecimento da televisão.[37] Os meios de comunicação certamente foram importantes ferramentas para propagação dos novos valores e produtos nas duas fases citadas, exercendo forte influência na sociedade da época.

A terceira fase da classificação de Lipovetsky é denominada *"sociedade de hiperconsumo"*. Neste período, iniciado no fim da década de 1970, o consumo e a tecnologia tomaram conta da vida do ser humano e das áreas de sua existência.

Se, na fase II, o consumo era utilizado para fins de status social; na fase III, o foco concentra-se na prática hedonista do consumo. O consumo como busca de prazeres, de emoções, de experiências, de felicidade.[38]

Embora ainda esteja presente a consideração social, este deixa de ser o fator determinante no consumo. Nas palavras de Lipovetsky, nesta fase, "as motivações privadas superam muito as finalidades distintivas" e que "queremos objetos 'para viver', mais que objetos para exibir."[39] Assim, o que importa no consumo não é a busca da diferenciação do outro, mas a realização pessoal, de modo subjetiva, com vistas a satisfações emocionais, corporais, sensoriais e estéticas.

Livia Barbosa salienta que, desde a década de 1980, a propaganda passou a investir pesadamente no sonho, na

---

37. A fase I, de 1880 até 1945, abrange o surgimento do cinema, do rádio e da televisão. No início do século XX, o cinema aparece como substituto do teatro para o entretenimento e, a partir de 1913, entra em sua "Idade de Ouro". O rádio tem seu auge a partir da década de 1920 e, em 1935, começaram as primeiras transmissões de televisão. O ciclo II, de 1945 até o fim da década de 70, por sua vez, ocorre o estabelecimento da televisão. Neste sentido, ver BRIGGS, Asa; BURKE, Peter. **Uma História Social da Mídia**: de Gutemberg à Internet. Rio de Janeiro: Jorge Zahar Ed., 2004, p. 163 - 184.

38. Lipovetsky aponta que, a partir dos anos 1950-1960, ter acesso a um modo de vida mais fácil e mais confortável, mais livre e mais hedonista já constituía uma motivação muito importante dos consumidores. Ao mencionar Ernest Dichter, exemplifica que, em 1964, o status se tornou uma motivação secundária na aquisição de um carro. (LIPOVETSKY, Gilles. **A felicidade paradoxal**: ensaio sobre a sociedade do hiperconsumo. São Paulo: Companhia das Letras, 2007, p. 39)

39. LIPOVETSKY, Gilles. **A felicidade paradoxal**: ensaio sobre a sociedade do hiperconsumo. São Paulo: Companhia das Letras, 2007, p. 41.

aventura, no risco, na audácia, na amizade, no romance, etc; ou seja, em ingredientes essencialmente românticos.[40] Mais do que o produto em si, o que importa são as sensações e a imaginação despertada no consumidor.

Diferente do marketing tradicional, em que eram ressaltadas as funcionalidades racionais dos produtos e serviços (por exemplo, para que serve um determinado produto, quais as suas novidades frente à concorrência, como suas utilidades visam facilitar a vida do consumidor, etc.), entra em cena o chamado *"marketing sensorial ou emocional"*, focalizando o sonho, a afetividade, a nostalgia do consumidor, trabalhando os cinco sentidos (olfato, audição, visão, tato, paladar) por meio dos produtos e dos locais de venda.[41,42]

Lipovetsky ensina que o esnobismo – o diferenciar-se dos outros por meio dos produtos elitizados – não desapareceu. Houve, nesta fase III, uma ressignificação. Se antes, sobretudo na fase II, a diferenciação importava em reconhecimento social; na fase III, o diferenciar-se do outro produz uma sensação positiva de si. Um sentimento de satisfação do distanciar-se da maioria. Não é mais impressionar os outros o que importa, mas confirmar o valor de si.[43]

Também na fase III, há uma obsessão pela saúde. A temática da saúde, conforme nos orienta Lipovetsky, tornou-se um argumento decisivo de venda. Nos dizeres do autor, o

---

40. BARBOSA, Lívia. **Sociedade de consumo**. Rio de Janeiro: Jorge Zahar Editor, 2004, p. 54.

41. Em relação à busca da sensação nostálgica (consumo experiencial nostálgico), temos o chamado *"retromarketing"*. Produtos e serviços que buscam trabalhar o imaginário do consumidor, por meio de experiências que os fazem lembrar de um tempo remoto. Assim é que, hoje em dia, são produzidas camisas com desenhos infantis da década de 80, brinquedos que foram lançados há muito tempo são relançados, etc.

42. Lipovetsky exemplifica esta tendência com a publicidade da marca Benetton. Esta marca ganhou notoriedade mundial falando e expondo tudo, menos sobre os seus produtos. (LIPOVETSKY, Gilles. **A felicidade paradoxal**: ensaio sobre a sociedade do hiperconsumo. São Paulo: Companhia das Letras, 2007, p. 47). De fato, na publicidade da Benetton, não aparece ou, ao menos, a ênfase não está concentrada nos produtos da marca. O que importa é o conceito, o estilo de vida, a imagem que a marca cria no imaginário do consumidor.

43. LIPOVETSKY, Gilles. **A felicidade paradoxal**: ensaio sobre a sociedade do hiperconsumo. São Paulo: Companhia das Letras, 2007, p. 48.

"homo consumericus" está cada vez mais voltado para o *"homo sanitas"*. Em meio à insegurança desta era, que gera a desconfiança e a ansiedade cotidiana, há uma busca incessante por consultas médicas, medicamentos, tratamentos preventivos, anunciando um tempo de medicalização da vida e do consumo. Cada vez mais os indivíduos passam a confiar nas substâncias químicas para a promoção do bem estar, sem análise interior e subjetiva, apenas importando eliminar mais rapidamente os problemas como fadiga, insônia, ansiedade, depressão, entre outros. Farmácia da felicidade e pílulas da felicidade. Tudo isso dinamiza, atualmente, o mundo do consumo. [44]

Quanto ao lazer, percebe-se crescente atenção dispensada a esse campo. Despesas ligadas aos setores do lazer, da cultura e da comunicação ocupam um lugar progressivo no orçamento das famílias. São consumidos jogos, músicas, viagens e experiências. Na fase III, não importa mais vender apenas serviços, mas, sobretudo, emoções e experiências capazes de gerar sensações. [45]

Neste cenário de sensações e de experiências, a novidade – a mudança dos produtos – produzirá sentimentos que, por si só, servem para incentivar o consumidor nesta interminável busca do prazer através das compras. Lipovetsky assemelha este fenômeno ao das férias, em que o mais importante para o turista é o "mudar de ares", ir para outro lugar. Com o ato de consumir, acontece a mesma coisa: o consumidor é atraído pelo prazer da novidade, uma quebra de rotina do cotidiano por meios dos produtos e serviços adquiridos. [46]

---

44. LIPOVETSKY, Gilles. **A felicidade paradoxal**: ensaio sobre a sociedade do hiperconsumo. São Paulo: Companhia das Letras, 2007, p. 54 -56.

45. Lipovetsky elucida que a fase III é contemporânea de uma explosão do número de parques de lazer, como, por exemplo, a Disneyland Paris. Visando proporcionar novas experiências, alguns parques temáticos contêm, virtual ou materialmente, cidades da antiguidade, reservas indígenas, animais extintos, momentos da nossa história. Outros irão recriar climas indoor, florestas tropicais, tempestades de neve. Passa-se a ter uma verdadeira "indústria da experiência". (LIPOVETSKY, Gilles. **A felicidade paradoxal**: ensaio sobre a sociedade do hiperconsumo. São Paulo: Companhia das Letras, 2007, p. 63)

46. LIPOVETSKY, Gilles. **A felicidade paradoxal**: ensaio sobre a sociedade do hiperconsumo. São Paulo: Companhia das Letras, 2007, p. 68.

A fase III, além de ser caracterizada por novas formas de consumir, apresenta novas formas de organização da atividade; novas maneiras de produzir e vender; de comunicação e de distribuição (expansão dos autosserviços, em que se pode adquirir o produto sem o contato direto com o vendedor).[47, 48]

Todo o sistema de oferta sofre substancial alteração, com modelo de organização e de princípios próprios. Ao contrário das outras duas fases, na terceira fase, há segmentação dos mercados por meio da economia da variedade (produtos variados de acordo com o gosto do cliente)[49]; inserção de política de qualidade (durabilidade, segurança e confiabilidade dos produtos); aceleração do ritmo de lançamento dos produtos (aumento da obsolescência programada)[50]; expansão das lojas de grandes descontos (a boa compra é valorizada – "compra esperta" – tornando-se uma experiência

---

47. Segundo Lipovetsky, com o autosserviço, uma nova estratégia de sedução foi ativada no imaginário do consumidor. Um novo universo de compras marcado pelo princípio da autonomia. Pode-se comprar sem os constrangimentos entre comprador e vendedor. Compra-se sem pressa e com independência. (LIPOVETSKY, Gilles. **A felicidade paradoxal**: ensaio sobre a sociedade do hiperconsumo. São Paulo: Companhia das Letras, 2007, p. 102)

48. Outro exemplo interessante apontado por Lipovetsky destas novas formas de atuação no mercado é o da "cronoconcorrência". Segundo o autor, várias empresas, a fim de fisgar o consumidor, anunciam antecipadamente o lançamento de produtos. Como exemplo, o autor cita o Play Station 2 da Sony que foi anunciado com um ano antes da comercialização. Com isso, além de criar notoriedade do produto e da marca, faz com que o consumidor espere para comprar o produto a ser lançado, não comprando o da concorrência existente no mercado. (LIPOVETSKY, Gilles. **A felicidade paradoxal**: ensaio sobre a sociedade do hiperconsumo. São Paulo: Companhia das Letras, 2007, p. 91)

49. Segundo Lipovetsky, em 1970, um carro era produzido em quatro versões, contra mais de vinte duas décadas mais tarde. Ao citar a fala de Bernard Hanon, diretor geral da Renault, em 1984 a montadora fabricava, reunindo todas as opções de modelos, 200 mil veículos diferentes. Assim, o marketing de massa foi substituído por estratégias de segmentação, ampliando as escolhas e as opções do consumidor. Graças à tecnologia e à informática, hoje é possível fabricar produtos personalizados ao mesmo custo dos produtos padronizados. (LIPOVETSKY, Gilles. **A felicidade paradoxal**: ensaio sobre a sociedade do hiperconsumo. São Paulo: Companhia das Letras, 2007, p. 79)

50. A loja de roupas Zara renova seus modelos a cada duas semanas, produzindo cerca de 12 mil designs por ano. Com a constante renovação, as empresas estimulam os produtos a saírem de moda, oferecendo versões mais eficientes ou ligeiramente diferentes. (LIPOVETSKY, Gilles. **A felicidade paradoxal**: ensaio sobre a sociedade do hiperconsumo. São Paulo: Companhia das Letras, 2007, p. 87)

emocional)[51]; incentivo ao "pluri" equipamento das famílias (passagem da lógica do consumo semi-coletivo para o consumo individualizado – um equipamento por indivíduo na família), dentre outras novas estratégias.

Há, nos dizeres de Lipovetsky, uma "redescoberta do cliente" – de um mercado comandado pela oferta, passa-se a ter um mercado dominado pela procura. Em vez de produzir primeiro para vender depois, ocorre o contrário: vende-se primeiro para produzir em seguida. Nesta fase, o consumidor final torna-se uma espécie de "comandante" do produtor. [52] Ele é quem decide o que será produzido e de que forma.

Ademais, nas fases I e II, os consumidores se deslocavam até os centros comerciais para efetuarem as compras. Na fase III, ao contrário, é o comércio que vai até os consumidores, considerando os horários e os locais de passagem usados por estes. Assim é que metrôs, aeroportos, aviões, postos de gasolina e até mesmo hospitais se tornaram verdadeiros postos de vendas de diversos produtos, atraindo e seduzindo os consumidores onde estiverem, promovendo um consumo contínuo (tornando o consumidor, nas palavras de Lipovetsky, em um *"turboconsumidor"*.)[53]

Na fase III, já não há limite de idade para a participação ativa no consumo. Inclusive a criança também se torna uma "hiperconsumidora". De acordo com Bauman, tão logo apren-

---

51. Nesta fase, percebe-se a expansão das lojas *outlets*. Lojas com maxi-descontos, até mesmo em alguns casos abaixo do custo, expandiram-se nos Estados Unidos e chegaram ao Brasil recentemente. No Brasil, o primeiro *outlet* foi aberto no estado de São Paulo, em 2009, batizado de *Outlet Premium São Paulo*. A ida ao *outlet* torna-se uma experiência prazerosa, que envolve o emocional na medida em que o consumidor pode comprar produtos que não conseguiria adquirir pelo preço normalmente oferecido no mercado. Isso traz ao imaginário do consumidor algo positivo, de bem estar.

52. LIPOVETSKY, Gilles. **A felicidade paradoxal**: ensaio sobre a sociedade do hiperconsumo. São Paulo: Companhia das Letras, 2007, p. 76-77.

53. Já não há limite de espaço e de tempo para "fisgar" o consumidor. Em todos os lugares e a qualquer hora do dia, há incentivo ao consumo. Nesse sentido, fala LIPOVETSKY, Gilles. **A felicidade paradoxal**: ensaio sobre a sociedade do hiperconsumo. São Paulo: Companhia das Letras, 2007, p. 109.

dem a ler, ou até mesmo antes, a dependência das compras já se estabelece nas crianças.[54] Se nas fases anteriores a decisão de compra era do responsável pela família, baseada na autoridade soberana dos pais e na obediência incondicional dos filhos; nesta fase atual, a criança tem poder de escolha. A criança se torna a voz da decisão, possuindo significativa influência em relação às compras feitas pelos pais.[55, 56]

Os idosos, antes excluídos e negligenciados, também são inseridos neste mercado consumidor. Os produtos e os serviços se tornam cada vez mais segmentados para eles, promovendo prazeres e emoções, fazendo-os esquecer do sentimento de inutilidade que a idade acomete.

Lipovetsky afirma que vivemos hoje em uma civilização da *"felicidade paradoxal"*. Embora as sociedades contemporâneas sejam cada vez mais ricas, com acesso a cada vez mais produtos e serviços, um percentual considerável de pessoas vive em situação de precariedade ou em uma situação em que elas precisam estar constantemente preocupadas com o orçamento familiar. Apesar da constante preocupação com o interior e com a saúde, aumentam as inseguranças e as decepções pessoais, bem como a incidência de doenças relacionadas à tristeza (ou à ausência de felicidade).

---

54. BAUMAN, Zygmunt. **Vida para consumo**: a transformação das pessoas em mercadoria. Trad. Carlos Alberto Medeiros. Rio de Janeiro: Jorge Zahar Editor, 2008, p. 73.

55. Conforme Lipovetsky, "o filho 'mudo' faz parte de uma época finda: na situação atual, ele escolhe, emite solicitações, dá sua opinião por ocasião das compras, os pais levando em conta seus desejos e lhe transmitindo um estilo de consumo finalizado pelo prazer". E complementa afirmando que "no momento em que desabrocha o 'filho-rei' informado, decididor e prescritor, o consumo se apresenta como um meio para 'comprar a paz' na família, uma maneira de fazer-se perdoar por ausências muito longas, ao mesmo tempo que como um direito do filho baseado no direito à felicidade, aos prazeres, à individualidade". (LIPOVETSKY, Gilles. **A felicidade paradoxal**: ensaio sobre a sociedade do hiperconsumo. São Paulo: Companhia das Letras, 2007, p. 121)

56. No Brasil, de acordo com a pesquisa IBGE – InterScience, realizada em 2003, as crianças influenciam 80% das compras totais em casa. (CRIANÇAS e consumo, uma relação delicada. **AKATU**: consumo consciente para um futuro sustentável. 15 out. 2007. Disponível em: <http://www.akatu.org.br/Temas/Consumo-Consciente/Posts/Criancas-e-consumo-uma-relacao-delicada>. Acesso em: 18 mar. 2015)

Neste sentido, a sociedade do hiperconsumo é "contemporânea da espiral da ansiedade, das depressões, das carências de auto-estima, da dificuldade de viver."[57]

A fase do hiperconsumo (fase III) é principalmente emocional e subjetiva (consumo emocional), quando os indivíduos desejam objetos para viverem e não por sua utilidade ou necessidade. Lipovetsky resume bem a sociedade de consumo em que vivemos quando ensina que, nesta sociedade, "espalha-se toda uma cultura que convida a apreciar os prazeres do instante, a gozar a felicidade aqui e agora, a viver para si mesmo; ela não prescreve mais a renúncia, faz cintilar em letras de neon o novo Evangelho: *'Comprem, gozem, essa é a verdade sem tirar nem pôr'*."[58]

Deste modo, as mercadorias que são consumidas adquirem um novo perfil. Não fornecem apenas o status, mas também oferecem um estilo de vida específico ao consumidor. Conforme aponta Patrícia Iglecias, o consumo é um fenômeno social, não envolvendo apenas a satisfação das nossas necessidades. Na sociedade de consumo, a escolha dos produtos não é individual, uma vez que há todo um contexto de inserção na vida em sociedade, fazendo com que as escolhas de consumo levem em consideração fatores econômicos e culturais. [59]

Enfim, esta sociedade de consumo, nos dizeres de Zygmunt Bauman, irá promover, encorajar e reforçar a escolha por um estilo de vida consumista, rejeitando todas as opções culturais alternativas, fazendo com que os indivíduos, na maior parte do tempo, se dediquem aos seus preceitos com máxima dedicação. Assim, numa sociedade de consumidores,

---

57. LIPOVETSKY, Gilles. **A felicidade paradoxal**: ensaio sobre a sociedade do hiperconsumo. São Paulo: Companhia das Letras, 2007, p. 149.
58. LIPOVETSKY, Gilles. **A felicidade paradoxal**: ensaio sobre a sociedade do hiperconsumo. São Paulo: Companhia das Letras, 2007, p. 102.
59. LEMOS, Patrícia Faga Iglecias. **Resíduos sólidos e responsabilidade civil pós-consumo**. 2 ed. São Paulo: RT, 2012, p. 25-26.

todos precisam ser (devem ser e tem que ser) consumidores por vocação.[60]

Carlos Gabaglia Penna sintetiza bem esta sociedade, ao descrever que "como alguém já observou, comentando sobre a cultura do consumo, as pessoas gastam um dinheiro que não possuem, para comprar coisas de que não necessitam, para impressionar pessoas que não conhecem".[61] Esta é a sociedade em que estamos inseridos, quer queiramos, quer não: uma sociedade de consumo.

1.3. SOCIEDADE DE CONSUMO NO BRASIL

Analisada a chamada sociedade de consumo e como ela se desenvolveu durante os séculos até os dias atuais, importante apontarmos um retrato de como ocorreu a formação da sociedade de consumo no Brasil e como se deu a inserção do nosso país no mercado globalizado. Assim, entenderemos melhor de que forma a legislação consumerista poderá ajudar em relação à temática do consumo sustentável.

Embora o desenvolvimento da sociedade de consumo tenha ocorrido na Europa enquanto o Brasil ainda permanecia no período colonial, os reflexos desse modelo de sociedade logo se verificaram em nossa sociedade. No Brasil, houve um rápido processo de industrialização e uma crescente urbanização verificada no início do século XX, fatos que marcaram a sociedade de consumo em nosso país.[62]

De fato, conforme nos aponta Marcelo Sodré, as externalidades existentes em uma sociedade de consumo, quais sejam: i) produção em série; ii) distribuição em massa; iii) publicidade em larga escala; iv) contratação padronizada –

---

60. BAUMAN, Zygmunt. **Vida para consumo**: a transformação das pessoas em mercadoria. Trad. Carlos Alberto Medeiros. Rio de Janeiro: Jorge Zahar Editor, 2008, p. 70-73.

61. PENNA, Carlos Gabaglia. **O estado do planeta**: sociedade de consumo e degradação ambiental. Rio de Janeiro: Record, 1999, p. 52.

62. Vale lembrar que o Brasil não participou da chamada "primeira revolução industrial" (1760-1830), nem da "segunda revolução industrial" (1870-1900), fato que contribuirá para um desenvolvimento rápido da sociedade de consumo em pouco espaço de tempo.

contratos de adesão; v) crédito generalizado ao consumidor; somente se fizeram presentes no Brasil após a Segunda Guerra Mundial.[63]

Segundo Marcelo Sodré, no período de 1885 a 1930, há a ausência de sociedade de consumo no Brasil. Embora no início do século tenha se intensificado o processo de urbanização das cidades, o país era ainda essencialmente rural. Vale lembrar que, até o final do século XIX, existia uma massa de escravos que não tinham recursos para consumir os produtos. Com a abolição da escravatura, houve uma crise na mão de obra, o que levou ao incentivo de uma forte imigração de trabalhadores de países europeus para a indústria do café, do cacau e da borracha. Assim, somente no início do século XX é que temos uma massa de assalariados capaz de consumir os produtos e os serviços. Já neste período, temos o surgimento de pequenos estabelecimentos como farmácias, lojas de vestuário, pequenos comércios de alimentos, etc. Porém, o mercado ainda era local. Como a pequena massa de consumidores abastados que existia nos centros urbanos consumia produtos importados, porque eram melhores e mais baratos, não houve estímulo para a criação de empresas no país.[64]

Foi entre os anos de 1930 a 1980 que a sociedade de consumo se formou no Brasil. Este é o período em que ocorre mais intensamente o processo de industrialização nacional, cujo início foi marcado pela crise mundial da economia de 1929.[65]

---

63. Todas estas externalidades são detalhadamente demonstradas por Marcelo Sodré, na seguinte obra: SODRÉ, Marcelo Gomes. **Formação do Sistema Nacional de Defesa do Consumidor**. São Paulo: RT, 2007, p. 25.
64. Marcelo Sodré resume bem este período: "a maior parte da população brasileira vivia no campo e não tinha possibilidade de comprar produtos importados, sendo consumidores de produtos locais a partir de um Sistema de Produção Simples de Mercadoria. Nada disso se assemelhava ao que acontecia nos países de primeiro mundo que já viviam sua 'Segunda Revolução Industrial'". (SODRÉ, Marcelo Gomes. **Formação do Sistema Nacional de Defesa do Consumidor**. São Paulo: RT, 2007, p. 33)
65. SODRÉ, Marcelo Gomes. **Formação do Sistema Nacional de Defesa do Consumidor**. São Paulo: RT, 2007, p. 37.

De acordo com Paul Singer, após 1930, houve o desenvolvimento do mercado interno, com o crescimento "para dentro", sendo a industrialização a estratégia adotada para que o país se tornasse menos dependente do mercado externo.[66] Com a crise mundial desencadeada em 1929, houve a necessidade que existisse a substituição das importações, fato que acelerou a produção nacional.

Porém, como a indústria no país até então era familiar e artesanal, não dispunha de capital e de infraestrutura suficiente para produzir em larga escala e atender a esta demanda inicial por bens de consumo. Na medida em que a população se urbanizava, surgiam novos apelos aos bens de consumo, de modo a "povoar os sonhos da classe média urbana crescente."[67]

Assim, somente na década de 50, através de recursos estatais, é que ocorreu a implementação da indústria pesada, com produção em massa, lançando as bases para que a sociedade brasileira vivenciasse o que hoje se entende por sociedade de consumo.[68]

Conforme nos aponta João Manoel Cardoso de Mello e Fernando Novais, já no final da década de 70, o país era capaz de fabricar quase tudo: o aço, até mesmo os especiais; petróleo e seus derivados; asfalto; plástico; alumínio; vidro; cimento; papel; alimentos; tecidos; calçados; bebidas; móveis; produtos de beleza; remédios; etc. A engenharia do país ergueu hidrelétricas gigantescas, com turbinas e geradores nacionais, como as de Furnas, Três Marias e Itaipu. Foram construídas

---

66. SINGER, Paul. Interpretação do Brasil: uma experiência histórica de desenvolvimento. In: FAUSTO, Boris (org.). **História geral da civilização brasileira**. 3. ed. São Paulo: DIFEL, 1984, p. 209-245. Vol. 4 - Economia e cultura (1930-1964), t. III – Brasil Republicano, p. 218.

67. SODRÉ, Marcelo Gomes. **Formação do Sistema Nacional de Defesa do Consumidor**. São Paulo: RT, 2007, p. 43.

68. Neste período são criadas a CSN (Companhia Siderúrgica Nacional); a FNM (primeira empresa brasileira a fabricar veículos no país); a Petrobrás; empresas públicas do setor energéticos, entre outras. (SODRÉ, Marcelo Gomes. **Formação do Sistema Nacional de Defesa do Consumidor**. São Paulo: RT, 2007, p. 45)

estradas com padrão internacional, como a via Dutra, a via Anchieta e a via Anhanguera. Os estaleiros nacionais eram capazes de produzir enormes navios de carga e os aviões eram fabricados por meio da empresa Embraer. Enfim, no início da década de 80, tínhamos sido capazes de construir uma economia moderna, incorporando os padrões de produção e de consumo próprios dos países desenvolvidos.[69]

Isso foi possível, pois, após a Segunda Guerra Mundial, além da indústria de base com recursos estatais, houve forte incentivo para que as empresas multinacionais, principalmente do setor automobilístico, se estabelecessem no Brasil. Assim, por meio das multinacionais, o Brasil entrou de vez no mercado dos produtos de consumo de massa, modernizando-se, ingressando, assim, na chamada "sociedade de consumo".[70,71]

O progresso na produção e na indústria foi acompanhado do sistema de comercialização. Duas novidades se destacaram: o supermercado e o *shopping center*. O primeiro supermercado a ser inaugurado no país foi "O Disco" em 1952 no Rio de Janeiro, contemplando, em um único lugar, os produtos

---

69. NOVAIS, Fernando; MELLO, João Manuel Cardoso de. Capitalismo tardio e sociabilidade moderna. In: SHWARCZ, Lilia. (org.). **História da Vida Privada no Brasil**. São Paulo: Companhia das letras, 2007, p. 562-563.

70. Marcelo Sodré resume bem este momento marcante para a sociedade brasileira. "Em resumo, o crescimento industrial via investimento interno do capital multinacional acarretou as maiores mudanças sociais pelas quais o Brasil já passara em tão curto espaço de tempo. As cidades cresceram; as classes médias urbanas se expandiram; a televisão foi implantada; a produção de bens de consumo foi diversificada; a publicidade vendeu novos estilos de vida etc. O salto para o futuro era uma sensação presente, ou seja, as bases estavam lançadas para nossa inserção na imaginária sociedade de consumo 'moderna'". (SODRÉ, Marcelo Gomes. **Formação do Sistema Nacional de Defesa do Consumidor**. São Paulo: RT, 2007, p. 45)

71. Fernando Novais e João Manuel Cardoso de Mello explicam que somente os recursos estatais e das empresas multinacionais tinham condições de implementar os setores industriais mais avançados, como a indústria elétrica pesada, a química pesada, a nova indústria farmacêutica, a de máquinas e de equipamentos mais sofisticados, a automobilística, a indústria naval, etc. A entrada nessas indústrias exigia um volume de capital extraordinário, além do domínio de uma tecnologia extremamente complexa. (NOVAIS, Fernando; MELLO, João Manuel Cardoso de. Capitalismo tardio e sociabilidade moderna. In: SHWARCZ, Lilia. (org.). **História da Vida Privada no Brasil**. São Paulo: Companhia das letras, 2007, p. 590)

contidos no armazém, açougue, peixaria, quitandas, etc. Já o primeiro *shopping center* do Brasil foi o Iguatemi em São Paulo, inaugurado em 1966, transformando-se em verdadeiro templo do consumo e do lazer, congregando lojas, cinemas, docerias, cafés, lanchonetes, etc. Neste período, também surgem as grandes cadeias de lojas de eletrodomésticos, revendedoras de automóveis e as lojas de departamento, como o Mappin e a Mesbla, que atraíam clientes de faixas de renda mais baixa.[72]

O progresso do país e, principalmente, o progresso individual, possibilitando ascender nas classes sociais, era representado pelos bens consumidos. Assim, em uma escalada interminável, as classes inferiores buscavam os estilos e os padrões de consumo das classes superiores. Conforme nos informa João Manoel Cardoso de Mello e Fernando Novais, no Brasil, foi sendo copiado cada vez mais o modelo *American way of life* como forma de suprir a inferioridade sentida pelas classes ricas em relação ao estilo de vida dos países europeus, especialmente França e Inglaterra, resquício do período colonial.[73]

Atrelada a tudo isso estava a indústria cultural. A televisão chegou ao Brasil em 1950 por iniciativa de Assis Chateaubriand, proprietário dos Diários Associados, e ganhou força e importância nas décadas seguintes. O aparelho de TV foi se difundindo por toda a sociedade, graças ao crédito de consumo. No sistema capitalista em que o Brasil estava inserido, a televisão tornou-se importante ferramenta de divulgação de produtos e de serviços, além de criar necessidades até então impensáveis. Programas de entretenimento

---

72. NOVAIS, Fernando; MELLO, João Manuel Cardoso de. Capitalismo tardio e sociabilidade moderna. In: SHWARCZ, Lilia. (org.). **História da Vida Privada no Brasil**. São Paulo: Companhia das letras, 2007, p. 566-567.

73. Os autores citam que não é por acaso que talvez o brinquedo preferido dos meninos vá se tornando o automóvel, símbolo maior do americanismo, e que passem a brincar de *cowboy* com revólveres na mão, de metal ou de plástico. (NOVAIS, Fernando; MELLO, João Manuel Cardoso de. Capitalismo tardio e sociabilidade moderna. In: SHWARCZ, Lilia. (org.). **História da Vida Privada no Brasil**. São Paulo: Companhia das letras, 2007, p. 604-605)

que, consumidos, davam suporte aos anúncios das grandes empresas.[74] Programas culturais e educativos eram relegados a segundo plano e ficavam restritos às fundações paraestatais.[75]

Em pleno período da ditadura militar (pós 1964), o autoritarismo e a censura empregada foram utilizados para atender as classes dominantes (ricos e privilegiados). A liberdade de expressão foi gravemente afetada, visto que não era permitido que a sociedade se desenvolvesse através da ampla informação, dos debates, das controvérsias, das críticas, etc.

Com isso, o monopólio da comunicação difundia valores morais, estéticos e políticos, que acabavam por determinar atitudes e comportamentos dos indivíduos e da coletividade, nos moldes dos interesses da classe dominante, patrocinada, por sua vez, pelas grandes empresas.[76]

Nos dizeres de João Manoel Cardoso de Mello e Fernando Novais, "exposta ao impacto da indústria cultural, centrada na televisão, a sociedade brasileira passou diretamente de iletrada e deseducada a massificada, sem percorrer a etapa intermediária de absorção da cultura moderna."[77]

---

74. Para demonstrar a influência norte americana nos veículos de comunicação do Brasil, ainda na época do rádio, a primeira radionovela transmitida no Brasil, *"Em busca da felicidade"*, foi ao ar no ano de 1941 patrocinada pela empresa Colgate-Palmolive. Como estratégia de marketing, no lançamento da novela, como premiação, houve a distribuição de fotografias dos artistas e de um álbum com o resumo da novela, em troca de um rótulo de Colgate. Neste sentido, conferir CHAVES, Glenda Rose Gonçalves. **A radionovela no Brasil**: um estudo de ODETTE MACHADO ALAMY (1913-1999). 2007. 144 p. Dissertação (Mestrado em Estudos Literários – Faculdade de Letras) Universidade Federal de Minas Gerais – UFMG, Belo Horizonte, 2007. Disponível em < http://www. ufrgs.br/napead/repositorio/objetos/fases-da-publicidade/textos/agenciaria_02.pdf>. Acesso em: 18 jun. 2015.

75. NOVAIS, Fernando; MELLO, João Manuel Cardoso de. Capitalismo tardio e sociabilidade moderna. In: SHWARCZ, Lilia. (org.). **História da Vida Privada no Brasil**. São Paulo: Companhia das letras, 2007, p. 638.

76. Segundo nos aponta João Manoel Cardoso de Mello e Fernando Novais, a Revolução de 64 permitiu que a Rede Globo se transformasse numa empresa praticamente monopolista, impondo barreiras à entrada de novos concorrentes ou ao crescimento das empresas já existentes. (NOVAIS, Fernando; MELLO, João Manuel Cardoso de. Capitalismo tardio e sociabilidade moderna. In: SHWARCZ, Lilia. (org.). **História da Vida Privada no Brasil**. São Paulo: Companhia das letras, 2007, p. 638)

77. NOVAIS, Fernando; MELLO, João Manuel Cardoso de. Capitalismo tardio e sociabilidade moderna. In: SHWARCZ, Lilia. (org.). **História da Vida Privada no Brasil**. São Paulo: Companhia das letras, 2007, p. 640.

A abertura do mercado brasileiro aos produtos internacionais ocorrida no início da década de 90, na gestão do presidente Fernando Collor de Mello, a sobrevalorização do real e a desestatização da economia por meio das privatizações, principalmente com dinheiro estrangeiro,[78] ocorridas durante toda a década de 90 no governo do presidente Fernando Henrique Cardoso, contribuíram para a inserção de vez do Brasil em uma sociedade de consumo global. Nos dizeres de Marcelo Sodré, ocorre neste período o "ápice da formação da sociedade de consumo no Brasil."[79]

Sendo assim, desde a década de 50 até os dias atuais, o mercado brasileiro vivenciou e vivencia as fases do desenvolvimento da sociedade de consumo descritas por Lipovetsky, com a clara pretensão do mercado em agir dessa forma para dar vazão aos desejos reprimidos por décadas de uma população carente de atenção e inclusão.

Todo este processo no Brasil apresenta-se com uma singularidade importante: além da sociedade de consumo se desenvolver muito rapidamente e em um período relativamente curto, não houve espaço para o amadurecimento da sociedade em relação a tudo o que estava sendo vivido.

Em praticamente 30 anos (de 1950 a 1980), o país viveu um intenso desenvolvimento industrial e econômico, porém foi sufocado pela ditadura militar no aspecto crítico e formador da sociedade. Não se permitiu, como em outros países, a formação de uma sociedade crítica, julgadora, que pudesse ter condições de assimilar o bombardeio da publicidade e a influência criada pelos veículos de comunicação.[80]

---

78. Segundo a Revista Veja, as principais empresas privatizadas pelo governo brasileiro foram: a Embraer, a Companhia Vale do Rio Doce, o sistema Telebrás (composto por 27 empresas de telefonia fixa e 26 de telefonia celular), a Light e Companhia Siderúrgica Nacional. Disponível em <http://veja.abril.com.br/idade/exclusivo/privatizacoes/02.html> . Acesso em: 21 mar. 2015.

79. SODRÉ, Marcelo Gomes. **Formação do Sistema Nacional de Defesa do Consumidor**. São Paulo: RT, 2007, p. 65.

80. João Manoel Cardoso de Mello e Fernando Novais resumem bem como nossa sociedade, que não estava com os valores modernos enraizados, ficou "exposta" aos apelos

É justamente neste contexto da sociedade de consumo no qual vivemos atualmente, um consumo emocional, em que o consumidor é incentivado a cada momento a consumir mais e mais, sem que a sociedade esteja preparada para assimilar todas estas influências, que deve ser discutida a problemática do consumo sustentável e como a legislação consumerista pode ser uma ótima aliada neste processo.

Se uma das preocupações atuais é com o atendimento das necessidades das gerações futuras, por meio da preservação do meio ambiente, é preciso, ao se adotar políticas públicas para a promoção da sustentabilidade, que se contextualize com a atual sociedade de consumo que vivemos, com todas as suas características já apontadas.

Mas antes é preciso entender como surgiu a necessidade do consumo sustentável e por que, desde a década de 90, ganhou popularidade nos discursos ambientais.

---

da publicidade americanizada: "A americanização da publicidade brasileira tem um papel fundamental na difusão dos padrões de consumo moderno e dos novos estilos de vida. Destrói rapidamente o valor de vida sóbria e sem ostentação. Numa sociedade em que a grande maioria é construída de pobres, passa a fabricar interruptamente falsas necessidades, promove uma corrida ao consumo que não acaba nunca, mantém o consumidor perpetuamente insatisfeito, intranquilo, ansioso. Numa sociedade em que os verdadeiros valores modernos ainda não estavam enraizados, trata de vender a sensação de que o consumo pode preencher o doloroso vazio da vida, trazido pelas agruras do trabalho subalterno e pelas misérias morais e espirituais que preenchem parte do cotidiano. Numa sociedade marcada pelo privilégio e pela desigualdade, proclama alto e bom som que o homem vale o que vale apenas pelo que consome. Se o mercado educa para a busca calculada do interesse próprio, convertendo o homem em escravo do dinheiro, a publicidade educa para um apetite inesgotável por bens e satisfação pessoal imediata, tornando as massas em servas dos objetos, máquinas de consumo." (NOVAIS, Fernando; MELLO, João Manuel Cardoso de. Capitalismo tardio e sociabilidade moderna. In: SHWARCZ, Lilia. (org.). **História da Vida Privada no Brasil**. São Paulo: Companhia das letras, 2007, p. 641)

Capítulo 2

O DESENVOLVIMENTO DA TEMÁTICA DO CONSUMO SUSTENTÁVEL

2.1. DA EXPLOSÃO POPULACIONAL AO IMPACTO DA PRODUÇÃO

Para se entender o que hoje chamamos de "consumo sustentável" e o como se deu a sua evolução, importante detectarmos dois momentos/deslocamentos marcantes na história das discussões sobre os problemas ambientais existentes em nosso planeta.

Anteriormente a década de 70, a preocupação ambiental, principalmente em relação à escassez dos recursos naturais e à poluição, estava restrita a uns poucos cientistas, administradores e a alguns grupos conservacionistas.[81,82]

As nações industrializadas, principalmente se valendo do poderio político, atribuíam a degradação ambiental ao problema do aumento populacional dos países em desenvol-

---

81. PORTILHO, Fátima. **Sustentabilidade ambiental, consumo e cidadania**. 2.ed. São Paulo: Cortez, 2010, p. 22-23.

82. John McCormick explica que o primeiro tratado de âmbito global envolvendo o meio ambiente somente foi realizado em 1962, envolvendo a questão dos testes nucleares. Ainda sim, o Tratado de Proibição Parcial de Testes assinado pelos Estados Unidos, antiga URSS e Grã-Bretanha teve como motivação principal o desarmamento nuclear e somente secundariamente o meio ambiente. McCormick também cita o livro da bióloga Rachel Carson publicado em 1962, *Silent Spring*, que advertia sobre os efeitos adversos da má utilização de pesticidas e inseticidas químicos sintéticos, como o momento em que as discussões ambientais saíram da esfera acadêmica e passaram a serem discutidos de maneira mais global. (McCORMICK, John. **Rumo ao paraíso**: a história do movimento ambientalista. Rio de Janeiro: Relume-Dumará, 1992, p. 69-70)

vimento. O discurso prevalente era que o rápido e exorbitante crescimento demográfico nesses países provocava concomitantemente uma rápida e também exorbitante depreciação dos recursos naturais do planeta.

Influenciada por vários importantes pensadores da corrente neomalthusiana[83] da época, a solução para a questão ambiental seria o controle de natalidade nos países do terceiro mundo e o fim das políticas de ajuda aos mesmos. Esta visão míope e hegemônica de que o problema estava relacionado ao aumento populacional, evitou que os países desenvolvidos pudessem analisar o impacto dos seus processos de produção e de consumo e a responsabilidade diante da crise ambiental.

Foi a partir da década de 70 que a crise ambiental começou a ser tratada de maneira mais ampla por vários segmentos da sociedade, principalmente por meio de movimentos de massas. Percebeu-se que as riquezas produzidas pela exploração ambiental eram distribuídas de forma desigual e injusta e que a poluição causada pelas indústrias estava afetando significativamente o planeta.

Assim, além do discurso do aumento da população mundial, principalmente da forma desordenada em que se dava nos países do terceiro mundo, surgiu também paralelamente o início do primeiro deslocamento discursivo[84]: do aumento

---

83. A teoria populacional malthusiana foi desenvolvida por Thomas Malthus no século XVIII. Preocupado com o crescimento populacional acelerado, Malthus alertou sobre a importância do controle da natalidade, uma vez que o crescimento desordenado da população acarretaria na falta de recursos alimentícios. Malthus dizia que a população crescia em progressão exponencial, enquanto que a produção de alimentos crescia em progressão aritmética.

84. O termo "deslocamento discursivo" é proposto por Fátima Portilho para explicar a mudança do discurso que buscava justificar os problemas ambientais existentes no planeta. Em sua tese, Portilho considera que este novo enfoque da questão ambiental passa por dois deslocamentos discursivos, quais sejam: (1) do aumento populacional para o modelo de produção das sociedades afluentes e, posteriormente, (2) da preocupação com os problemas ambientais relacionados à produção para uma preocupação com os problemas ambientais relacionados ao consumo e aos estilos de vida. Neste sentido, conferir: PORTILHO, Fátima. **Sustentabilidade ambiental, consumo e cidadania**. 2.ed. São Paulo: Cortez, 2010, p. 40.

populacional para a percepção do impacto destrutivo das tecnologias (produção industrial) sobre o meio ambiente.

Conforme exposto por Fátima Portilho, o principal exemplo desta nova vertente foi o relatório *Limites do crescimento*, elaborado pelo Clube de Roma e publicado em 1972.[85] Entre os fatores considerados para análise do problema estavam, além do aumento da população mundial, o aumento da produção agrícola e industrial, o aumento da poluição e a exaustão dos recursos naturais.[86]

Deste modo, deu-se início à primeira transição discursiva: do aumento populacional para a análise também dos problemas tecnológicos e de produção. Vale frisar que, neste período, o consumo, enquanto atividade social, não era considerado ainda como fator de degradação ambiental. O relatório *Limites do crescimento*, por exemplo, somente abordou o aumento da aquisição material de bens em função do aumento populacional e da industrialização, não tratando o modo como os desejos de consumo dos indivíduos são formados, nem abordando a influência que a televisão, a mídia, a moda e a publicidade exercem neste contexto.[87]

Em razão dos problemas ambientais globais que estavam sendo verificados, entre eles a chuva ácida, e a preocupante projeção que se fazia em relação aos eventos futuros em virtude da poluição das indústrias, foi necessário organizar uma convenção visando à cooperação internacional para discussão e para a solução de tais crises. Foi então que a

---

85. MEADOWS, Donella H; MEADOWS, Dennis L.; RANDERS, Jürgen; BEHRENS III, William W. **Limites do crescimento**. São Paulo: Editora Perspectiva AS, 1973.

86. PORTILHO, Fátima. **Sustentabilidade ambiental, consumo e cidadania**. 2.ed. São Paulo: Cortez, 2010, p. 43.

87. Bom exemplo é citado por Fátima Portilho: "O relatório discute, por exemplo, a exaustão da bauxita em termos de produção de alumínio, mas não a relaciona ao uso final das mercadorias manufaturadas, como aviões, e o aumento da demanda por viagens aéreas." (PORTILHO, Fátima. **Sustentabilidade ambiental, consumo e cidadania**. 2.ed. São Paulo: Cortez, 2010, p. 43). Entretanto, a própria autora enfatiza que alguns debates, na época, já indicavam o consumismo das sociedades modernas como uma das causas da degradação ambiental. Porém, este discurso sobre o consumismo na sociedade de consumo acabou ficando em segundo plano.

ONU decidiu inaugurar a Primeira Conferência Mundial sobre o Homem e o Meio Ambiente, sendo realizado em Estocolmo, na Suécia, em 1972.[88]

Na fase de preparação para a Conferência de Estocolmo, em razão da marcante participação dos países menos desenvolvidos[89], uma importante premissa foi delineada: a causa da crise estava localizada principalmente nos países mais ricos do mundo, onde se produz e se consome a maior parte dos recursos e energia do planeta, causando os mais graves impactos ambientais de âmbito global.

Com isso, após a Conferência de Estocolmo de 1972, percebeu-se, com maior força, um deslocamento do causador da crise ambiental. Se antes estava concentrada na questão demográfica dos países subdesenvolvidos, agora passou para os sistemas e os modelos de produção e de tecnologia utilizados pelos países desenvolvidos, instaurando-se uma polarização de posições entre países do norte (produção e tecnologias) *versus* países do sul (crescimento populacional).[90]

---

88. Representantes de 113 nações, de 250 organizações não governamentais e de organismos da ONU compareceram ao evento. Os debates tiveram como resultado a Declaração sobre o Meio Ambiente Humano, uma carta de princípios de comportamento e responsabilidades que deveriam nortear as decisões sobre políticas ambientais. Um plano de ação também foi redigido e convocava os países, organismos das Nações Unidas e organizações internacionais a cooperarem na busca de soluções para os problemas ambientais. Disponível em: <http://www.brasil.gov.br/meio-ambiente/2012/01/acordos-globais>. Acesso em: 06 jan. 2015.

89. Segundo McCormick, "a poluição, um problema dos países industrializados, pode ter sido a centelha da conferência, mas os países menos desenvolvidos utilizaram seu poder de voto na Assembleia Geral para assegurar que a perspectiva do Terceiro Mundo fosse apreciada desde o início." (McCORMICK, John. **Rumo ao paraíso**: a história do movimento ambientalista. Rio de Janeiro: Relume-Dumará, 1992, p. 100). Esta participação nos preparativos da Conferência pelos países em desenvolvimento se deu, em boa parte, por que temiam que as restrições ambientais impostas pelas nações industrializadas pudessem retardar o desenvolvimento delas. Assim, como os países pobres apresentavam falta de estrutura e saneamento adequados, baixa expectativa de vida de sua população, entre outros, "havia uma forte tentação para os países pobres de concentrar toda sua energia e todos os seus recursos na solução a curto prazo desses problemas, e de se preocupar com quaisquer dos problemas ambientais resultantes num estágio posterior." (McCORMICK, John. **Rumo ao paraíso**: a história do movimento ambientalista. Rio de Janeiro: Relume-Dumará, 1992, p. 100)

90. Conforme Fátima Portilho, antes mesmo, na Conferência da ONU sobre Biosfera, realizada em Paris em 1968, já tinha se enfatizado a necessidade de considerar os impactos ambientais dos grandes projetos de desenvolvimento. Segundo a autora, as delegações dos países menos desenvolvidos influenciaram as discussões e documentos da Conferência,

Esta polarização possibilitou um tom mais conciliatório no pensamento ambientalista, numa tentativa de compatibilizar desenvolvimento econômico e proteção ambiental. Foram criadas novas legislações, agências e instituições ambientais[91], investimentos foram feitos para que novas técnicas de produção pudessem ser mais limpas, tudo isso na tentativa de reduzir os impactos ambientais no sistema capitalista industrial. O mercado, por sua vez, criou novas formas de auto regulação como o ISO 14000[92], Protocolo Verde[93], entre outros. A poluição passou a ser vista como a vilã e os investimentos em meio ambiente como nova oportunidade de negócios.[94]

---

afirmando, por exemplo, que, nas ex-colônias, a degradação ambiental era produto da pilhagem que sofreram por parte dos colonialistas, imperialistas e neocolonialistas. De modo semelhante, a superpopulação nestes países também era produto da pilhagem e que deveria haver desenvolvimento econômico e não controle populacional. (PORTILHO, Fátima. **Sustentabilidade ambiental, consumo e cidadania**. 2.ed. São Paulo: Cortez, 2010, p. 45)

91. Uma das consequências da Conferência de Estocolmo para o Brasil foi a criação da Secretaria Especial do Meio Ambiente (SEMA) em outubro de 1973, subordinada ao Ministério do Interior. Pela primeira vez, uma agência seria responsável pela coordenação de políticas ambientais nacionais e por proporcionar assistência a outras agências. Neste sentido, conferir: DUARTE, Lílian C. B. **Política externa e meio ambiente**. Rio de Janeiro: Jorge Zahar Editor, 2003, p. 22-23.

92. ISO 14000 é uma série de normas desenvolvidas pela *International Organization for Standardization* (ISO) e que estabelecem diretrizes sobre a área de gestão ambiental dentro de empresas.

93. O Protocolo Verde é um protocolo de intenções celebrado por instituições financeiras públicas e pelo Ministério do Meio Ambiente em 1995 e revisado em 2008. Seu objetivo é definir políticas e práticas bancárias precursoras, multiplicadoras e exemplares em termos de responsabilidade socioambiental e em harmonia com o desenvolvimento sustentável. Os signatários do protocolo comprometem-se a financiar o desenvolvimento com sustentabilidade, por meio de linhas de crédito e programas que promovam qualidade de vida da população e proteção ambiental. Disponível em: <http://www.bndes.gov.br/SiteBNDES/bndes/bndes_pt/Hotsites/Relatorio_Anual_2011/Capitulos/atuacao_institucional/o_bndes_e_protocolo_verde.html>. Acesso em: 08 abr. 2015.

94. Fátima Portilho alerta que até então a ecologia era entendida como um freio ao crescimento econômico e preservar o meio ambiente significava, para o empresariado, investimentos financeiros sem retorno. Acreditava-se que, para haver crescimento econômico, deveria haver poluição e esgotamento de recursos naturais. (PORTILHO, Fátima. **Sustentabilidade ambiental, consumo e cidadania**. 2.ed. São Paulo: Cortez, 2010, p. 12). Tal fato irá mudar quando, na década de 80, o setor empresarial se apropria do ideário ecológico, se auto intitulando o segmento capaz de promover uma sociedade ambientalmente sustentável, consolidando novos nichos de mercado. Fátima Portilho, sobre esta participação do empresariado visando adequar produção x proteção ambiental, denomina de "ambientalização do setor empresarial". (PORTILHO, Fátima. **Sustentabilidade ambiental, consumo e cidadania**. 2.ed. São Paulo: Cortez, 2010, p. 111)

Esta mudança no discurso, porém, permaneceu restrita

a reajustes na esfera de produção, com inovações técnicas, tecnológicas e legislativas dentro do mesmo modelo econômico, sendo rotulado de 'eco-capitalismo', ou seja, a integração dos constrangimentos ecológicos à lógica capitalista" de tal forma que "os valores da sociedade moderna e os estilos de vida e padrões de consumo desiguais permaneceram distantes da problemática ecológica.[95,96]

Em outras palavras, neste momento, ainda não houve o questionamento sistemático das práticas de consumo praticadas nos países desenvolvidos, ficando a discussão somente na esfera das inovações tecnológicas, pressupondo uma independência entre os processos de produção e de consumo.

Além desta mudança discursiva, Fátima Portilho ainda observa que Estocolmo propiciou o chamado "Ambientalismo Público"[97], por meio do aumento do interesse pela população sobre as questões ambientais e o aumento da cobertura jornalística nesta temática.[98,99] McCormick aponta

---

95. PORTILHO, Fátima. **Sustentabilidade ambiental, consumo e cidadania**. 2.ed. São Paulo: Cortez, 2010, p. 48.

96. É comum o argumento utilizado de que 20% da população mundial, que habita principalmente nos países desenvolvidos (hemisfério norte), consome 80% dos recursos naturais e energia do planeta e produz mais de 80% da poluição. Ao contrário, 80% da população mundial restante, que habita nos países pobres do hemisfério sul, consome apenas 20% dos recursos naturais. Também é comum a argumentação de que, para se equilibrar estas disparidades, permitindo que os habitantes dos países pobres tivessem o mesmo padrão médio de consumo dos habitantes dos países desenvolvidos, seriam necessários, pelo menos, mais dois planetas Terra. (Disponível em: <http://www.mma. gov.br/estruturas/sedr_proecotur/_publicacao/140_publicacao09062009025703.pdf.> Acesso em: 04 abr. 2015.

97. Fátima Portilho define o Ambientalismo Público, com base em Buttel e Larson, sendo "preferências públicas pela qualidade ambiental e simpatia por grupos ambientalistas e seus objetivos."(PORTILHO, Fátima. **Sustentabilidade ambiental, consumo e cidadania**. 2.ed. São Paulo: Cortez, 2010, p. 111). BUTTEL, F.H.; LARSON, J.W. Whiter environmentalism? The future political path of the environmental movement. **Natural Resorces Journal**, n. 20, 1980, p. 325.

98. PORTILHO, Fátima. **Sustentabilidade ambiental, consumo e cidadania**. 2.ed. São Paulo: Cortez, 2010, p. 48.

99. Antes da Conferência de Estocolmo em 1972, foi realizada uma conferência internacional sobre a biosfera em Paris no ano de 1968. Embora a Conferência da Biosfera tenha sido importante para os debates ambientais futuros, inclusive os realizados na Conferência

o Dia da Terra, realizado nos EUA, em abril de 1970, com a presença de trezentos mil americanos, como um marco para a inauguração do ambientalismo público.[100]

Mais tarde, o relatório "**Nosso Futuro Comum**", da Comissão Mundial de Meio Ambiente e Desenvolvimento (CMMAD) da ONU, publicado em 1987[101], sustenta que os países em desenvolvimento estão cercados por problemas ambientais amplamente atribuídos aos efeitos do crescimento populacional, iniqüidade e pobreza. Assim, o relatório enfatiza a chamada *"poluição da pobreza"*, em detrimento (omissão) à *"poluição da riqueza"*. O problema não é apenas o aumento populacional, mas também a miséria a que os países do sul estão condicionados, o que levaria à necessidade de exaustão dos recursos naturais, levando a uma pressão sobre o meio ambiente.

Várias tragédias ocorridas no pós-guerra foram citadas no referido relatório, dentre elas uma seca prolongada na África que matou mais de um milhão de pessoas e cerca de 35 milhões encontravam-se ameaçadas; em Bhopal na Índia, no ano de 1984, um vazamento numa fábrica de pesticidas da Union Carbide matou mais de duas mil pessoas e deixou cerca de 200 cegas ou feridas; a explosão de um reator nuclear em Chernobyl, no ano de 1986, espalhou radiações por toda

---

de Estocolmo, as discussões ficaram restritas aos aspectos científicos dos problemas ambientais. Já Estocolmo, normalmente citada como um marco para o movimento ambientalista, preocupou-se com questões políticas, sociais e econômicas mais amplas. Neste sentido, Estocolmo propiciou uma maior participação das ONG's nas discussões, como também, segundo McCormick, "deu oportunidade a coberturas jornalísticas mais dramáticas". (McCORMICK, John. **Rumo ao paraíso**: a história do movimento ambientalista. Rio de Janeiro: Relume-Dumará, 1992, p. 99)

100. McCORMICK, John. **Rumo ao paraíso**: a história do movimento ambientalista. Rio de Janeiro: Relume-Dumará, 1992, p. 63.

101. A Comissão Mundial sobre o Meio Ambiente e Desenvolvimento (CMMAD) foi criada pela ONU em 1983, após uma avaliação dos 10 anos de vigência das ações propostas na Conferência de Estocolmo. Indicada pela ONU, a primeira-ministra da Noruega, Gro Harlem Brundtland, chefiou a CMMAD. O documento final desses estudos chamou-se **Nosso Futuro Comum**, também conhecido como **Relatório Brundtland**. (Disponível em: <http://www.brasil.gov.br/meio-ambiente/2012/01/acordos-globais>. Acesso em: 29 jun. 2015)

a Europa, contaminou recursos, pessoas e aumentou o risco de incidência de câncer.[102]

Ao descrever este panorama, o relatório reforça a ideia de que o crescimento econômico nestes países deve ser acelerado, por meio de uma melhor distribuição de riquezas, compatibilizando com a proteção ambiental. Neste sentido, o relatório propõe o termo *"desenvolvimento sustentável"* na agenda política internacional. Neste documento, o desenvolvimento sustentável é concebido como "o desenvolvimento que satisfaz as necessidades presentes, sem comprometer a capacidade das gerações futuras de suprir suas próprias necessidades."[103]

Deste modo, foi necessário repensar o modelo de desenvolvimento até então vigente, preocupado somente com o crescimento econômico, a fim de alterar a projeção de que chegará um momento de que não haverá mais recurso natural a ser explorado e a vida na Terra será impossível. [104]

Fátima Portilho alerta que o relatório estimula, ainda de maneira inicial, um reconhecimento formal da desigual contribuição dos diferentes estilos de vida na degradação ambiental, possibilitando o início da mudança no discurso político dominante (do impacto da produção ao impacto do consumo).[105]

Assim, além do crescimento populacional e dos problemas causados pela tecnologia e pela produção, o estilo

---

102. BARBIERI, José Carlos. **Desenvolvimento e meio ambiente**: as estratégias de mudança da agenda 21. Rio de Janeiro: Vozes, 1997, p. 27.

103. COMISSÃO MUNDIAL SOBRE MEIO AMBIENTE E DESENVOLVIMENTO. **Nosso futuro comum**. 2. ed. Rio de Janeiro: Fundação Getúlio Vargas, 1991.

104. Ignacy Sachs destaca a importância de serem consideradas cinco dimensões da sustentabilidade quando se pretende planejar o desenvolvimento: sustentabilidade social; sustentabilidade econômica; sustentabilidade ecológica; sustentabilidade espacial e sustentabilidade cultural. (SACHS, Ignacy. **Estratégias de transição para o século XXI**: desenvolvimento e meio ambiente. Trad. Magda Lopes. São Paulo: Studio Nobel – Fundação do Desenvolvimento Administrativo, 1993, p. 25-26). Luiz Fernando Krieger Merico considera que o conceito de desenvolvimento sustentável está em processo de formação e que sua substituição pelo conceito de *sociedade sustentável* significaria um avanço social. Isso porque, segundo o autor, este último conceito incorpora mais claramente as questões de equidade e justiça social. (MERICO, Luiz Fernando Krieger. **Introdução à economia ecológica**. Blumenau: Editora da Furb, 2002, p. 101)

105. PORTILHO, Fátima. **Sustentabilidade ambiental, consumo e cidadania**. 2.ed. São Paulo: Cortez, 2010, p. 49.

de vida da sociedade passou a ser mencionado como causador dos problemas ambientais, ainda que não proponha necessariamente uma redução do consumo material pelas nações mais ricas.[106]

O fato é que a proposta de um desenvolvimento sustentável foi rapidamente incorporada ao pensamento ambientalista e, a partir dos fins dos anos 80, foi adotado como um estilo de gestão empresarial, buscando conciliar desenvolvimento, preservação do meio ambiente e a melhoria da qualidade de vida.[107,108] Almeja-se, com isso, um desenvolvimento que não seja apenas no sentido econômico, definido pelo produto nacional bruto (PNB) real do habitante ou pelo consumo real

---

106. De fato, os limites, quanto à expansão do consumo, não são explícitos no relatório, contudo são considerados: "Para que haja um desenvolvimento global sustentável é necessário que os mais ricos adotem estilos de vida compatíveis com os recursos ecológicos do planeta [...]." (COMISSÃO MUNDIAL SOBRE MEIO AMBIENTE E DESENVOLVIMENTO. **Nosso futuro comum**. 2. ed. Rio de Janeiro: Fundação Getúlio Vargas, 1991, p. 10)

107. Vale frisar que a ECO-92 adotou na *Declaração do Rio* e na *Agenda 21* o desenvolvimento sustentável como meta a ser buscada e respeitada por todos os países. Deste modo, o Princípio 4 da *Declaração do Rio* estabelece que: "Para alcançar o desenvolvimento sustentável, a proteção ambiental constituirá parte integrante do processo de desenvolvimento e não pode ser considerada isoladamente deste." Também no preâmbulo da *Agenda 21*, constou expressamente a meta do desenvolvimento sustentável: "A humanidade se encontra em um momento histórico de definição. Nós nos deparamos com a perpetuação das disparidades entre nações e no interior delas próprias, com o agravamento da pobreza, da saúde precária e do analfabetismo, e com a permanente degradação dos ecossistemas dos quais depende nosso bem-estar. Todavia, a integração das questões ambientais e do desenvolvimento conduzirá à satisfação das necessidades básicas, a uma qualidade de vida mais digna, a uma conservação e manejo mais adequados dos ecossistemas e a um futuro mais seguro e promissor para todos. Nenhum país poderá conseguir essa integração por iniciativa própria. Porém, através de uma parceria global, conseguiremos atingir, juntos, o *desenvolvimento sustentável*".

108. Por não ser objetivo deste trabalho, não iremos aprofundar na temática do desenvolvimento sustentável. Embora sejam temas interligados, uma vez que, para se alcançar o desenvolvimento sustentável, é necessário promover uma produção e consumo sustentáveis, assim iremos centrar-nos somente neste último. Acreditamos que a temática do desenvolvimento sustentável é bem mais ampla do que a do consumo sustentável, sendo esta parte integrante daquele. Assim, sobre a relação entre o desenvolvimento e consumo sustentáveis, Edis Milaré afirma que "por sua vez, muitas das soluções que levam ao desenvolvimento sustentável (objetivo da cidadania ambiental) também permitem chegar ao consumo sustentável (objetivo da cidadania do consumo)." (MILARÉ, Edis. **Direito do Ambiente**. 4.ed. São Paulo: RT, 2005, p. 69). O próprio Princípio 8 da Declaração do Rio reforça também este entendimento, ao prever que, "para alcançar o desenvolvimento sustentável e uma qualidade de vida mais elevada para todos, os Estados devem reduzir e eliminar os padrões insustentáveis de produção e consumo, e promover políticas demográficas adequadas." Disponível em: <*http://www.mma.gov.br/port/sdi/ea/documentos/convs/decl_rio92.pdf*>. Acesso em 03 de março de 2015.

por habitante, mas também que incorpore outras dimensões importantes para a sociedade, como educação, saúde, diminuição da pobreza, proteção do meio ambiente, de modo a promover uma melhora da qualidade de vida da população.

2.2. DO IMPACTO DA PRODUÇÃO AO IMPACTO DO CONSUMO

Segundo Fátima Portilho, a mudança mais significativa ocorreu durante as preparações para a ECO-92, quando, nas negociações preliminares para a conferência, tiveram controversos debates sobre a contribuição relativa das práticas de consumo para os problemas ambientais globais.

Os países em desenvolvimento e as ONGs globais diligenciaram para transferir a responsabilidade para os estilos de vida de uso intensivo de recursos das nações mais ricas do mundo. Ao mesmo tempo, os países ricos trabalharam para manter a estreita visão que atribuía o problema ao crescimento populacional e ao processo tecnológico.

Entretanto, com os documentos produzidos durante a conferência, principalmente a Agenda 21[109], a Declaração do Rio[110] e o Tratado das ONG's[111], o debate sobre o consumo

---

109. Capítulo 4, ponto 4.3 da Agenda 21: "A pobreza e a degradação do meio ambiente estão estreitamente relacionadas. Enquanto a pobreza tem como resultado determinados tipos de pressão ambiental, as principais causas da deterioração ininterrupta do meio ambiente mundial são os padrões insustentáveis de consumo e produção, especialmente nos países industrializados. Motivo de séria preocupação, tais padrões de consumo e produção provocam o agravamento da pobreza e dos desequilíbrios." Disponível em: <*http://www.mma.gov.br/responsabilidade-socioambiental/agenda-21/agenda-21-global/ item/606-cap%C3%ADtulo-4?tmpl=component&print=1*>. Acesso em 03 de março de 2015.

110. Princípio 8 da Declaração do Rio: "Para alcançar o desenvolvimento sustentável e uma qualidade de vida mais elevada para todos, os Estados devem reduzir e eliminar os padrões insustentáveis de produção e consumo, e promover políticas demográficas adequadas." Disponível em: <*http://www.mma.gov.br/port/sdi/ea/documentos/convs/ decl_rio92.pdf*>. Acesso em 03 de março de 2015.

111. Fórum Global: "Os mais sérios problemas globais de desenvolvimento e meio ambiente que o mundo enfrenta decorrem de uma ordem econômica mundial caracterizada pela produção e consumo sempre crescentes, o que esgota e contamina nossos recursos naturais, além de criar e perpetuar desigualdades gritantes entre as nações, bem como dentro delas. Não mais podemos tolerar tal situação, que nos levou além dos limites da capacidade de sustento da Terra, e na qual vinte por cento das pessoas consomem oitenta por cento dos recursos mundiais. Devemos lutar para equilibrar a sustentabili-

passou a ganhar novo status e importância progressiva como questão de política ambiental. Esses documentos apontaram os estilos de vida dos países mais ricos como responsáveis pela crise ambiental, inaugurando o chamado segundo deslocamento discursivo: dos problemas ambientais causados pela produção para os problemas ambientais causados pelo consumo.[112]

Tais documentos indicaram uma nova fase no pensamento político ambiental internacional, em que o foco passa a ser pela mudança nos padrões de produção e consumo.

O lado do consumismo da sociedade de massa capitalista passa a ser o centro das discussões ambientais, pondo a produção, até então o vilão da crise, em segundo plano. A degradação ambiental e a poluição causada pelo processo produtivo das indústrias perdem força e importância frente às práticas de consumo da sociedade, até mesmo porque as primeiras estavam, de certa forma, sendo evitadas por meio das chamadas tecnologias limpas. Neste momento, há uma nítida separação e desvinculação entre os processos de produção e de consumo, com o foco sendo dirigido para o último.[113,114,115]

---

dade ecológica eqüitativamente, entre os países e dentro dos mesmos. [...]. O sistema econômico deve ser estruturado à parte da produção e do consumo de bens supérfluos para minorias, para concentrar-se na produção de bens que atendam às necessidades humanas básicas para todas as pessoas. [...] O consumo e produção globais devem ser freados para se ajustarem à capacidade de recuperação da Terra. [...] A redução do consumo deve ter prioridade sobre a reutilização e reciclagem de produtos." (FÓRUM GLOBAL. **Tratados das ONG's**. Santos, Fórum Internacional das ONG's, 1992, p. 40)

112. PORTILHO, Fátima. **Sustentabilidade ambiental, consumo e cidadania**. 2.ed. São Paulo: Cortez, 2010, p. 51.

113. Conforme nos ensina Fátima Portilho, o lado perverso do consumismo ocidental já era apontado como uma das causas da degradação ambiental deste a década de 60 pelo ambientalismo original. (PORTILHO, Fátima. **Sustentabilidade ambiental, consumo e cidadania**. 2.ed. São Paulo: Cortez, 2010, p. 52). Mas, como vimos, neste período, em razão da hegemonia do discurso dos países desenvolvidos, prevaleceu o problema da explosão demográfica dos países subdesenvolvidos como o centro principal da crise ambiental.

114. O interessante deste período, pós ECO-92, é que, embora os países desenvolvidos tenham assumido a problemática do consumo como causadora do impacto ambiental, tentaram contrabalancear este argumento apontando que o problema do consumo está no desejo dos países subdesenvolvidos em imitar o consumo dos países desenvolvidos. Neste período, ficou conhecido o pensamento de que, para que os países do sul atingissem o mesmo nível de consumo dos países do norte, seriam necessários mais dois planetas Terra.

115. A *Agenda 21*, em seu capítulo 4, reforça a ideia da necessidade de práticas e políticas a serem adotadas, principalmente pelos países desenvolvidos, de consumo sustentável. Neste sentido é o ponto 4.5: "4.5. Especial atenção deve ser dedicada à demanda de

Uma importante observação a ser feita é que, da mesma forma como aconteceu com o primeiro deslocamento, a transição discursiva do impacto ambiental não superou o anterior. Ao contrário, há na verdade um acréscimo no fator impactante, só que com novas abordagens e políticas adotadas. Assim, quando se deslocou o discurso da explosão demográfica para a produção e a tecnologia, o primeiro não deixou de ser considerado como fator da crise ambiental.[116] Da mesma forma, no segundo deslocamento, quando surge o consumo como o centro das discussões, a produção e a tecnologia continuaram a ser consideradas nas políticas de sustentabilidade.[117,118]

A partir desta nova constatação, novas estratégias passam a ser adotadas na política ambiental, voltadas diretamente

---

recursos naturais gerada pelo consumo insustentável, bem como ao uso eficiente desses recursos, coerentemente com o objetivo de reduzir ao mínimo o esgotamento desses recursos e de reduzir a poluição. Embora em determinadas partes do mundo os padrões de consumo sejam muito altos, as necessidades básicas do consumidor de um amplo segmento da humanidade não estão sendo atendidas. *Isso se traduz em demanda excessiva e estilos de vida insustentáveis nos segmentos mais ricos, que exercem imensas pressões sobre o meio ambiente.* Enquanto isso os segmentos mais pobres não têm condições de ser atendidos em suas necessidades de alimentação, saúde, moradia e educação. A mudança dos padrões de consumo exigirá uma estratégia multifacetada centrada na demanda, no atendimento das necessidades básicas dos pobres e na redução do desperdício e do uso de recursos finitos no processo de produção."

116. De fato, o contexto demográfico na análise da extinção dos recursos naturais nunca deixou de ser considerado. Conforme ilustra Carla Amado Gomes, com base do relatório da ONU *Word population to 2300*, de 2004, a cada 18 dias, a população mundial cresce o equivalente ao quantum populacional global do século V a.C.; a cada década, aumenta o equivalente à população total no ano de 1776; em 1800 alcançou um bilhão, para aumentar para dois bilhões em 1927, três bilhões em 1959, e quatro bilhões em 1974; em 1987, a população da Terra somava cinco bilhões, e 25 anos mais tarde, em 2012, atingia os sete bilhões. Ou seja, nos dizeres de Carla Amado Gomes, "não é preciso ser pessimista para alvitrar que esta história pode não acabar bem [...]." (GOMES, Carla Amado. Consumo sustentável: ter ou ser, eis a questão. **Revista do Ministério Público**, Lisboa: Sindicato dos Magistrados do Ministério Público, n. 136, p. 29-57, out.- dez. 2013, p. 31)

117. PORTILHO, Fátima. **Sustentabilidade ambiental, consumo e cidadania**. 2.ed. São Paulo: Cortez, 2010, p. 54.

118. Fátima Portilho realizou uma extensa pesquisa para descrever como se justifica o deslocamento discursivo da produção para o consumo. Segundo a autora, existem 4 justificativas que explicam esta transição, a saber: *1) produção e consumo são duas esferas separadas; 2) regular a produção não é suficiente; 3) a regulação da produção já foi implementada com sucesso; 4) o problema não está na produção.* Sobre esta última justificativa, a autora aponta que, como a demanda é do consumidor, serão suas escolhas e práticas que irão mudar o processo produtivo. (PORTILHO, Fátima. **Sustentabilidade ambiental, consumo e cidadania**. 2.ed. São Paulo: Cortez, 2010, p. 57-58)

para o consumo (*v.g.* eco-rotulagens), visando conscientizar o consumidor em direção a uma sociedade mais sustentável.[119]

Uma longa lista de organizações governamentais, não-governamentais, empresariais, instituições de pesquisa, entre outros, passaram a se articular para analisar os efeitos das práticas de consumo no meio ambiente. Como exemplo, a CDS (Comissão para o Desenvolvimento Sustentável) das Nações Unidas, criada logo depois da ECO-92, iniciou um programa de pesquisas para estudar o impacto ambiental das práticas de consumo. Em 1995, a comissão realizou, em Oslo na Noruega, um evento sobre consumo sustentável denominado *Oslo Roundtable* visando discutir e implementar políticas de mudanças nos comportamentos individual, empresarial e governamental.

Os movimentos sociais de consumidores, normalmente preocupados somente com a defesa e a proteção do direito do consumidor no mercado de consumo, começam neste período a preocuparem-se também com o impacto do consumo, aproximando-se dos movimentos ambientalistas.

No Brasil, foi realizado um workshop com o título *Produção e consumo sustentáveis: padrões e políticas* em cooperação com a Noruega.[120] Em 1998, por intermédio da Secretaria Estadual do Meio Ambiente de São Paulo, foi realizado no Brasil o *Interregional Expert Group Meeting on Consumers Protection and Sustainable*. O encontro contou com a participação de 45 especialistas de mais de 25 países e teve como resultado a preparação de um documento com as propostas de ampliação da diretriz de Defesa dos Con-

---

119. Lipovetsky alerta que "no momento em que se intensificam as ameaças de catástrofes ecológicas, a temática do 'consumo durável' encontra eco, aparecendo o hiperconsumidor como um ator a ser responsabilizado com toda a urgência, uma vez que suas práticas excessivas desequilibram a ecoesfera." (LIPOVETSKY, Gilles. **A felicidade paradoxal**: ensaio sobre a sociedade do hiperconsumo. São Paulo: Companhia das Letras, 2007, p. 13)

120. RIBEMBOIM. Jacques (org.). **Mudando os padrões de produção e consumo**. Brasília: IBAMA/MMA, 1997, p. 23.

sumidores (nº 39/248 de 9/04/1985) da ONU[121], visando englobar o tema do consumo sustentável.

Nesta esteira, as Nações Unidas aprovaram, em 1999, a ampliação das diretrizes para a Proteção dos Consumidores para incluir mais um direito/dever básico, até então ausente na resolução, qual seja, a promoção do consumo sustentável.[122]

Na nova redação da Resolução 39/248 da ONU, foi inserido todo um capítulo abordando a temática do consumo sustentável:

> G. Promoção de modalidades sustentáveis de consumo
>
> 42. Consumo sustentável significa que as necessidades de bens e serviços das gerações presentes e futuras satisfazem de modo tal que possam sustentar-se desde o ponto de vista econômico, social e ambiental.
>
> 43. Posto que a responsabilidade pelo consumo sustentável é de responsabilidade de todos os membros e organizações da sociedade, os consumidores informados, os governos, as empresas, os sindicatos e as organizações ecologistas e de consumidores desempenham funções particularmente importantes. Corresponde aos consumidores informados uma função essencial na promoção de modalidades de consumo que possam sustentar-se desde o ponto de vista econômico, social e ambiental, inclusive influindo nos produtores com suas decisões. Os governos devem promover a formulação e a aplicação de políticas de consumo sustentáveis e a integração dessas

---

121. As Diretrizes para a Proteção do Consumidor (*Guidelines for Consumer Protection*, Resolução ONU n.º 39/248), têm por finalidade fornecer aos países-membros as linhas gerais para proteção do consumidor em suas respectivas legislações internas. Tal documento, embora não tenha força vinculante, é uma importante ferramenta para consolidar tendências internacionais de proteção do consumidor, orientando, assim, a elaboração das políticas sobre esse tema.

122. Marcelo Sodré aponta que as diretrizes originais fazem uma única referência ao problema ambiental, pois, de maneira tímida, afirma que, quando for cabível, a educação dos consumidores dever ter como tema o meio ambiente (parágrafo 33 da resolução na sua redação original e parágrafo 37 na atual. (SODRE, Marcelo. **A construção do Direito do Consumidor**: Um estudo sobre as origens das leis principiológicas de defesa do consumidor. São Paulo: Atlas, 2009, p.109)

políticas com outras políticas públicas. As políticas públicas deverão formular-se em consulta com o comércio, as organizações ecologistas e de consumidores e outros grupos interessados. Ao comércio incumbe a responsabilidade de promover o consumo sustentável mediante o desenho, produção e distribuição de bens e serviços. As organizações ecologistas e de consumidores têm a responsabilidade de promover a participação e o debate públicos no que diz respeito ao consumo sustentável, informar os consumidores e trabalhar com os governos e as empresas com vistas a promover modalidades sustentáveis de consumo.

44. Os governos, em associação com o comércio e as organizações da sociedade civil, devem formular e executar políticas que contribuam a promover modalidades sustentáveis de consumo mediante uma combinação de políticas que poderiam abarcar regulamentos; instrumentos econômicos e sociais; políticas setoriais como as que regem o uso da terra, o transporte, a energia e a vivenda; programas de informação para sensibilizar ao público sobre as repercussões das modalidades de consumo; a eliminação de subvenções que contribuam a fomentar modalidades não sustentáveis de consumo e produção; e a promoção de práticas melhores de ordenação do meio em setores concretos.

45. Os governos devem promover o desenho, a elaboração e a utilização de produtos e serviços que economizem energia e não sejam tóxicos, tendo em conta as repercussões que possam ter durante todo seu ciclo vital. Os governos devem promover programas de reciclagem que orientem e incentivem os consumidores a reciclar os resíduos e a comprar produtos reciclados.

46. Os governos devem promover a formulação e aplicação de normas ecológicas nacionais e internacionais de saúde e segurança para produtos e serviços; tais normas não devem dar lugar a restrições comerciais injustificadas.

47. Os governos devem incentivar experiências independentes sobre os efeitos dos produtos no meio ambiente.

48. Os governos devem controlar, em condições de segurança, o uso de substâncias prejudiciais para o meio ambiente e incentivar o desenvolvimento de sucedâneos ecologicamente racionais dessas substâncias. As novas substâncias potencialmente perigosas devem ser experimentadas antes de serem distribuídas, com o objetivo de determinar seus efeitos, a longo prazo, no meio ambiente.

49. Os governos devem sensibilizar o público a cerca dos benefícios para a saúde das modalidades sustentáveis de consumo e produção, tendo em conta os efeitos diretos na saúde de cada pessoa e os efeitos coletivos da proteção do meio ambiente.

50. Os governos, em associação com o setor privado e outras organizações pertinentes, devem incentivar a modificação das modalidades não sustentáveis de consumo mediante o desenvolvimento e a utilização de novos produtos e serviços ecologicamente racionais e novas tecnologias, incluídas a tecnologia da informação e as comunicações, que possam satisfazer as necessidades dos consumidores e a contribuir, por sua vez, a reduzir a contaminação e o esgotamento dos recursos naturais.

51. Pede-se aos governos que criem mecanismos reguladores eficazes para proteger aos consumidores, que abarquem diversos aspectos do consumo sustentável, ou a que fortaleçam os mecanismos existentes.

52. Os governos devem considerar a possibilidade de usar diversos instrumentos econômicos, como alguns instrumentos fiscais e a internalização dos custos ambientais, para promover o consumo sustentável, tendo em conta as necessidades sociais e a necessidade de coibir o emprego de práticas não sustentáveis e incentivar o de práticas mais sustentáveis, evitando, ao mesmo tempo, que prejudiquem o acesso aos mercados, em particular o dos países em desenvolvimento.

53. Os governos, em cooperação com as empresas e outros grupos pertinentes, devem elaborar indicadores, métodos e bases de dados para medir os progressos realizados em prol do consumo sustentável em todos

os planos. Deverá buscar-se que essa informação seja de domínio público.

54. Os governos e os organismos internacionais devem tomar a iniciativa introduzindo práticas sustentáveis em seu próprio funcionamento, em particular mediante suas políticas de compras. Quando proceda, nas compras do setor público deve-se incentivar a elaboração e o uso de produtos e serviços ecologicamente racionais.

55. Os governos e outras organizações pertinentes devem promover as investigações relativas ao comportamento do consumidor e os danos ambientais conexos a fim de determinar a forma de lograr modalidades de consumo mais sustentáveis.[123]

Por sua vez, a implementação da Agenda 21 foi reafirmada em 2002 na Conferência de Johannesburgo, África do Sul. Nessa ocasião, foi elaborada a proposta de um programa de 10 anos de duração para a implementação das políticas de desenvolvimento, visando à produção e o consumo sustentável e que foi intitulado "The Marrakech Process".

Assim, neste mesmo caminhar, 10 anos depois, a Conferência das Nações Unidas sobre Desenvolvimento Sustentável, realizada na cidade do Rio de Janeiro, no período de 20 a 22 de junho de 2012, conhecida como *Rio + 20* em virtude de sua realização vinte anos após a Conferência ECO-92, reafirmou todos os princípios da Declaração do Rio sobre o meio ambiente e o desenvolvimento (elaborada na ECO 92), inclusive a *promoção do consumo sustentável.*

No documento, são apontados os resultados da Conferência *Rio +20,* intitulado *"O futuro que queremos".* Em vários momentos, foi reforçada a preocupação com a promoção da produção e o consumo sustentáveis, inclusive por meio de um quadro de ação e de acompanhamento próprio, conforme se observa abaixo:

---

123. SODRE, Marcelo. **A construção do Direito do Consumidor**: Um estudo sobre as origens das leis principiológicas de defesa do consumidor. São Paulo: Atlas, 2009, p.112-113.

I. NOSSA VISÃO COMUM

4. Reconhecemos que a erradicação da pobreza, *a mudança dos modos de consumo e produção não viáveis para modos sustentáveis*, bem como a proteção e gestão dos recursos naturais, que estruturam o desenvolvimento econômico e social, são objetivos fundamentais e requisitos essenciais para o desenvolvimento sustentável. [...]

III. A ECONOMIA VERDE NO CONTEXTO DO DESENVOLVIMENTO SUSTENTÁVEL E A ERRADICAÇÃO DA POBREZA

58. Afirmamos que as políticas de economia verde no contexto do desenvolvimento sustentável e da erradicação da pobreza devem:

[...]

o) *Promover os modos de consumo e de produção sustentávei*s;

[...]

61. Avaliamos como essencial a tomada de medidas de urgência locais para eliminar *padrões insustentáveis de produção e consumo*; para garantir a sustentabilidade ambiental e promover a conservação e o uso sustentável da biodiversidade e dos ecossistemas, a regeneração dos recursos naturais; e promover um crescimento global sustentável, inclusivo e justo.

V. QUADRO DE AÇÃO E ACOMPANHAMENTO - *Consumo e produção sustentáveis.*

224. Recordamos os compromissos assumidos na Declaração do Rio, a Agenda 21 e na JPOI sobre *consumo e produção sustentáveis* e, em particular, o pedido no capítulo 3 do JPOI, para incentivar e promover o desenvolvimento de um Programa-Quadro de 10 anos (10YFP). Reconhecemos que mudanças fundamentais na forma como as sociedades consomem e produzem são indispensáveis para se alcançar o desenvolvimento sustentável global.

225. Os países que se comprometeram a eliminar progressivamente as políticas prejudiciais e ineficientes de subvenção aos combustíveis fósseis reiteram seu

compromisso, uma vez que essas subvenções incitam o *consumo perdulário e comprometem o desenvolvimento sustentável*. Convidamos todos a considerarem a racionalização das subvenções aos combustíveis fósseis, removendo as distorções de mercado, inclusive por meio da reestruturação da tributação e da eliminação progressiva de subsídios prejudiciais, lá onde existirem, de modo a expressar os seus efeitos sobre o meio ambiente, considerando plenamente as necessidades e condições específicas dos países em desenvolvimento, com o objetivo de minimizar os possíveis impactos adversos ao seu desenvolvimento, de uma forma que proteja os pobres e as comunidades afetadas.

226. Adotamos o planejamento de 10 anos de programação (10YFP) sobre o *consumo e produção sustentáveis* (SCP), como consta do documento A/CONF.216/5, e destacamos que os programas incluídos nos 10YFP têm um caráter facultativo. Convidamos a Assembleia Geral das Nações Unidas em sua 67ª Sessão, a designar um organismo das Nações Unidas composto por Estados-Membros para tomar as medidas necessárias a operacionalizar plenamente o quadro.[124]

Em relação à conceituação, vários documentos foram elaborados para descrever o significado de consumo sustentável. Conforme nos informa Fátima Portilho, no evento conhecido como *Oslo Roundtable*, realizado em 1995, na Noruega, consumo sustentável foi definido como sendo

> o uso de bens e serviços que atendem às necessidades básicas e trazem uma melhor qualidade de vida, enquanto minimizam o uso de recursos naturais, materiais tóxicos e emissões de poluentes através do ciclo de vida, de forma a não pôr em perigo as necessidades das futuras gerações.[125]

---

124. **O futuro que queremos**. Declaração final da Conferência das Nações Unidas sobre Desenvolvimento Sustentável (Rio +20). Versão em português revisada por Júlia Crochemore Restrepo. Disponível em: <http://www.rets.org.br/sites/default/files/O-Futuro-que-queremos1.pdf>. Acesso em: 7 abr. 2015.

125. PORTILHO, Fátima. **Sustentabilidade ambiental, consumo e cidadania**. 2.ed. São Paulo: Cortez, 2010, p. 136.

Já o Programa das Nações Unidas para o Meio Ambiente (PNUMA)[126] definiu o consumo sustentável como sendo

> o fornecimento de serviços e produtos correlatos que preencham as necessidades básicas e deem melhor qualidade de vida, ao mesmo tempo que se diminui o uso de substâncias tóxicas, assim como as emissões de resíduos e de poluentes durante o ciclo de vida do serviço ou do produto, de forma a não ameaçar as necessidades das gerações futuras.[127]

Por sua vez, a *Consumers Internacional*, organização não-governamental internacional que congrega entidades de defesa dos consumidores em 120 países do mundo, definiu consumo sustentável como "satisfazer as necessidades e aspirações da geração atual sem comprometer a capacidade das gerações futuras satisfazerem as suas."[128]

Recentemente a Lei 13.186, de 11 de novembro de 2015, instituiu a Política de Educação para o Consumo Sustentável, com o objetivo de estimular a adoção de práticas de consumo e de técnicas de produção ecologicamente sustentáveis, definindo logo no parágrafo único do art. 1° consumo sustentável como "o uso dos recursos naturais de forma a proporcionar qualidade de vida para a geração presente sem comprometer as necessidades das gerações futuras."

De todos estes conceitos, é possível identificar pelo menos três elementos comuns: a) satisfação das necessidades humanas; b) preocupação com as futuras gerações; c) preocupação com a distribuição social.[129]

---

126. O PNUMA foi criado em 15 de dezembro de 1972, com o objetivo de coordenar as ações internacionais de proteção ao meio ambiente e de promoção do desenvolvimento sustentável.

127. CONSUMERS International (CI). **Consumo sustentável**. São Paulo: Secretaria de Meio Ambiente/IDEC, 1998, p. 64.

128. CONSUMERS International (CI). **Consumo sustentável**. São Paulo: Secretaria de Meio Ambiente/IDEC, 1998, p. 44.

129. PORTILHO, Fátima. **Sustentabilidade ambiental, consumo e cidadania**. 2.ed. São Paulo: Cortez, 2010, p. 137.

Capítulo 2 · O DESENVOLVIMENTO DA TEMÁTICA DO CONSUMO SUSTENTÁVEL   75

O que ser percebe então é que a partir da ECO-92 um novo enfoque passa a ser dado ao consumo com vistas à sustentabilidade do planeta. Ações conscientes, com ampla informação, incentivadas por valores ambientais aparecem como uma nova estratégia para a consecução de uma sociedade sustentável. Governos, empresas e consumidores passam a ser cooperadores na consecução de uma sociedade mais justa, ética e sustentável. [130]

Constatado o problema, existem vários instrumentos de promoção do consumo sustentável. Entre elas, podemos citar a promoção de educação para o consumo verde; o incentivo a construções sustentáveis; incentivo à promoção de mudanças tecnológicas; efetivação de compras públicas sustentáveis; aumento da reciclagem de resíduos sólidos; instrumentos econômicos como a tributação ambiental (eco-taxas), etc. [131,132]

No Brasil, preocupado com a temática da produção e do consumo sustentável, após duas décadas de tramitação, foi publicada a Lei 12.305, de 02 de agosto de 2010 (lei que institui a Política Nacional dos Resíduos Sólidos – PNRS), regulamentada pelo Decreto 7.404/2010.

---

130. É assim que aparece o consumidor como co-responsável neste processo. Vários autores corroboram que o consumidor passa a ter importância no processo em busca da sustentabilidade do planeta. Em texto produzido por Fábio Feldemann e Marcelo Sodré, eles atestam que "ao lado das grandes manifestações do movimento ecológico, acreditamos que está nascendo um novo ator social: o consumidor responsável." (CONSUMERS International (CI). **Consumo sustentável**. São Paulo: Secretaria de Meio Ambiente/IDEC, 1998, p. 10). Stefan Larenas e Marilena Lazzarini, no texto "Consumo Sustentável na América Latina", assinala que "todas estas ações nascem do convencimento de que os consumidores organizados podem ser um aporte na solução dos problemas ambientais dos países se forem capazes de gerar pressupostos técnicos e políticos a partir da perspectiva do consumo." (CONSUMERS International (CI). **Consumo sustentável**. São Paulo: Secretaria de Meio Ambiente/IDEC, 1998, p. 16)

131. Conforme nos alerta Jacques Ribemboim, a taxação é apenas um dentre inúmeros instrumentos econômicos que podem ser utilizados para o controle ambiental e para o desenvolvimento sustentável. Segundo o autor, pode-se mencionar ainda outros instrumentos econômicos como depósitos-caução, licenças negociáveis, incentivos fiscais, etc. (RIBEMBOIM. Jacques (org.). **Mudando os padrões de produção e consumo**. Brasília: IBAMA/MMA, 1997, p. 18)

132. O objetivo deste trabalho é mostrar como a legislação atual de consumo promove o consumo sustentável. Sendo assim, não serão abordadas especificamente outras formas de promoção. Somente foram citadas para melhor compreensão do tema.

A lei da PNRS representa um marco para a formulação, a implementação e a avaliação de políticas públicas relacionadas aos resíduos, em todas as esferas da federação. Entre seus objetivos, a PNRS busca estimular a adoção de padrões sustentáveis de produção e de consumo de bens e serviços, de modo a atender às necessidades das presentes e futuras gerações, garantindo-lhes melhores condições de vida, sem prejuízo da qualidade ambiental (art. 3º, XIII e 7º, III). Contempla ainda como objetivo-chave da PNRC o estímulo ao *consumo sustentável* (art. 7º, XV), decorrendo inúmeros direitos e deveres à sociedade de consumidores.[133]

Ademais, a lei da PNRS incentiva práticas de responsabilidade socioambiental (art. 30, VII), por meio da responsabilidade compartilhada – entre fornecedores, agentes públicos e consumidores – pelo ciclo de vida dos produtos, o que confere especial importância à atuação consciente do consumidor tanto em relação ao consumo quanto ao pós-consumo.

Neste sentido, uma das grandes novidades trazidas pela lei da PNRS é dispor a respeito das obrigações dos consumidores no que diz respeito ao impacto ambiental do consumo, desde que haja informação ampla e suficiente. [134,135]

---

133. LEMOS, Patrícia Faga Iglecias; SODRE, Marcelo. Consumo Sustentável. **Caderno de Investigações Científicas**, Brasília, vol. III, Brasília: Escola Nacional de Defesa do Consumidor do Ministério da Justiça, 2013, p. 152.

134. Thierry Bourgoignie, sobre a responsabilidade do consumidor na seara ambiental, aborda que "aos consumidores são atribuídas mais responsabilidades na proteção do meio ambiente. O processo de integração não é fácil, uma vez que pode implicar mudanças radicais no comportamento do consumidor. De fato, exige que consumidores admitam algumas restrições e limites que resultam da necessidade de um ambiente sustentável. Consumo sustentável colocará sua marca na política e no direito do consumidor. A livre escolha do consumidor será legitimamente limitada em nome da proteção do meio ambiente; interesses coletivos e a longo prazo dos cidadãos terão preferência sobre benefícios e necessidades individuais a curto prazo." (BOURGOIGNIE, Thierry. A política de proteção do consumidor: desafios à frente. **Revista de Direito do Consumidor**, São Paulo:RT, vol. 41, p. 30-38, jan.-mar., 2002, p.37)

135. O objetivo deste trabalho não é tratar em detalhes da Lei da PNRS. Por isso, somente serão citados os principais artigos relacionados ao consumo sustentável, contextualizando o tema na legislação brasileira. Conforme ressaltado, a ênfase do trabalho é sobre a legislação consumerista – Código de Defesa do Consumidor – como instrumento de promoção do consumo sustentável.

Em 23 de novembro de 2011, o governo federal lançou o *Plano de Ação para Produção e Consumo Sustentáveis (PPCS)*. O plano articula as principais políticas ambientais e de desenvolvimento do país, auxiliando no alcance de suas metas por meio de práticas produtivas sustentáveis e da adesão do consumidor a este movimento.[136]

Também o Plano Nacional de Consumo e Cidadania (PLANDEC) instituído pelo Decreto 7.963 de 15 de março de 2013, contempla como objetivo a promoção ao acesso a padrões e consumo sustentáveis (art. 3º, V), reforçando a proteção ambiental em relação à produção e ao consumo no mercado.

Após analisar como foi formada a sociedade de consumo no mundo e no Brasil, entendemos quais as motivações, os valores e os desejos que a nossa sociedade imprime nos indivíduos nos dias atuais, o que provoca um consumo excessivo de produtos em busca de uma felicidade inalcançável. Diante disso, há o surgimento da necessidade da promoção de um consumo sustentável, principalmente para preservação do meio ambiente para as futuras gerações, por isso convém analisar como a nossa constituição e a legislação de proteção ao consumidor, objeto deste trabalho, contempla políticas e instrumentos capazes de incentivar e promover o consumo sustentável.

Se o tratamento do consumo atualmente é o principal foco para se promover o equilíbrio ambiental, nada melhor do que a legislação que regulamenta as relações de consumo tratar deste tema com enfoque na sustentabilidade.[137] O que

---

136. Para orientar sua implementação, o PPCS contempla uma série de ações com enfoque participativo e de comunicação. Em seu primeiro ciclo, de 2011 a 2014, o PPCS focará seus esforços em seis áreas principais: 1) Educação para o Consumo Sustentável; 2) Varejo e Consumo Sustentável; 3) Aumento da reciclagem; 4) Compras Públicas Sustentáveis; 5) Construções Sustentáveis; 6) Agenda Ambiental na Administração Pública. Disponível em: <http://www.consumosustentavel.gov.br/>. Acesso em: 07 abr. 2015.

137. Neste sentido, Inês Virgínia Prado enfatiza a importância da legislação para a promoção da proteção ambiental quando expõe que as normas consumeristas "podem ser restritivas e ter o objetivo de modificar o modo de agir dos sujeitos da relação de consumo,

ser pretende é transformar um ciclo (de consumo) vicioso num ciclo (de consumo) virtuoso.

Ao final, serão abordadas as sugestões legislativas apresentadas na atualização do Código de Defesa do Consumidor que se encontra na Câmara dos Deputados, tratando de maneira direta do consumo sustentável, nos moldes das Diretrizes das Nações Unidas para a proteção do consumidor.

---

direcionando as políticas públicas e as atuações dos particulares." (SOARES; Inês Virgínia Prado. Meio ambiente e relação de consumo sustentável. **B. Cient. ESMPU**, Brasília, a. 4, n.17, p. 54-55, out.-dez., 2005)

Capítulo 3

A PROTEÇÃO DO CONSUMIDOR NO BRASIL

3.1. HISTÓRICO DA LEGISLAÇÃO ATÉ A EDIÇÃO DO CÓDIGO DE DEFESA DO CONSUMIDOR

Anteriormente à Constituição Federal de 1988, a proteção do consumidor estava compreendida em legislações esparsas e na legislação comum, principalmente nos âmbitos civil, comercial e penal.

Em razão da evolução do mercado econômico brasileiro, ocorrida após a segunda guerra mundial, essas normas se tornaram insuficientes para regular as relações de consumo, principalmente diante da notória vulnerabilidade do consumidor e da expertise cada vez maior do fornecedor.

Conforme nos ensina Marcelo Sodré, a legislação de proteção do consumidor no Brasil pode ser dividida em fases: anterior a 1930 (primórdios da legislação); de 1930 a 1960 (legislação penal); de 1960 a 1985 (legislação administrativa) e 1985 até os dias atuais (legislação de direitos difusos).[138]

No período anterior a 1930, intitulada pelo autor como *primórdios da legislação*, há ausência de legislação específica de defesa do consumidor. Conforme já assinalado, não havia, no Brasil, neste período, uma sociedade de consumo. As leis existentes regulavam unicamente a atividade comercial, só afetando o consumidor indiretamente. Ademais, não há,

---

138. SODRÉ, Marcelo Gomes. **Formação do Sistema Nacional de Defesa do Consumidor**. São Paulo: RT, 2007, p. 89-130.

neste período, um órgão público de defesa do consumidor, responsável por criar e implementar políticas de defesa dos consumidores.[139]

Já no período de 1930 a 1960, encontramos o início de produção legislativa em defesa do consumidor, com a primazia da legislação penal. Houve diversas leis no período visando proteger a economia popular e a saúde da população. O Brasil se encontrava no início do processo de industrialização de sua economia.

Dentre estas leis, podemos citar o decreto 22.626, de 07.04.1933 (lei da usura); o Código Penal de 1940, utilizando a expressão "consumidor" pela primeira vez por meio do tipo penal *"fraude no comércio"*; a lei 1.521/1951 que alterou a legislação vigente sobre crimes contra a economia popular e a lei 2.312/54 que estabeleceu normas gerais de defesa e de proteção da saúde.

A legislação, neste período, é essencialmente penal. Assim como no período anterior, não há órgãos públicos responsáveis pela defesa do consumidor. Porém, conforme apontado por Marcelo Sodré, a criação do Ministério da Saúde em 1953, através da lei 1.920/53, apontou no sentido de que o poder público começava a se aparelhar para tratar de temas correlatos aos consumidores.[140]

No período de 1960 a 1985, houve um deslocamento da produção legislativa em defesa do consumidor. Em vez das normas de natureza penal, proliferaram normas de âmbito administrativo. O Estado estava intervindo fortemente na economia, necessitando, por isso, de todo um aparato administrativo para cumprir com suas finalidades. Havia início de inflação e, com a forte urbanização da época, priorizou--se inicialmente a organização administrativa do Estado

---

139. SODRÉ, Marcelo Gomes. **Formação do Sistema Nacional de Defesa do Consumidor**. São Paulo: RT, 2007, p. 96.

140. SODRÉ, Marcelo Gomes. **Formação do Sistema Nacional de Defesa do Consumidor**. São Paulo: RT, 2007, p. 110.

para atuar nos temas que envolvessem "abastecimento" e "controle de preços".

Era necessária, assim, a organização administrativa do próprio Estado. Exemplificando, foram criadas a Sunab por meio da lei delegada 4, de 26/09/1962; o Cade – Conselho Administrativo de Defesa Econômica através da lei 4.137/1962; o Sistema Nacional de Metrologia através da lei 5.966/1973 e a Secretaria Nacional de Vigilância Sanitária através do decreto 7.9056/1976. Estes órgãos criados, em sua maioria, foram dotados de poder de polícia, com previsão legal de aplicação de sanções administrativas.

Neste período, então, há a prevalência de produção de normas administrativas, priorizando a noção de "controle" no exercício do poder de polícia administrativa. De acordo com Marcelo Sodré, foi neste período que a sociedade civil começa a ser organizar na defesa dos consumidores e que são criados os Procons estaduais e municipais. [141,142]

Finalmente, no período de 1985 até os nossos dias, chamado de período da legislação de direitos difusos, temos duas leis importantes e inovadoras que irão marcar uma nova etapa na defesa do consumidor. Essas duas leis foram editadas no mesmo dia, mês e ano: a lei 7.374/1985 (lei da ação civil pública) e o decreto federal 91.469/85, que criou o Conselho Nacional de Defesa do Consumidor, composto por órgãos do governo, entidades e representantes dos consumidores e dos fornecedores.[143]

---

141. SODRÉ, Marcelo Gomes. **Formação do Sistema Nacional de Defesa do Consumidor**. São Paulo: RT, 2007, p. 122.

142. O Procon de São Paulo foi criado em 1976, sendo o primeiro órgão público de defesa do consumidor a ser criado no Brasil.

143. O Art. 3º do Dec. 91469/85 descrevia os componentes do Conselho Nacional de Defesa do Consumidor: "Art. 3º O Conselho Nacional de Defesa do Consumidor será composto: I - pelo Ministro Extraordinário para Desburocratização, pelo Ministro da Agricultura, pelo Ministro da Saúde, pelo Ministro da Indústria e do Comércio, pelo Ministro da Fazenda e pelo Ministro da Justiça; II - pelo Secretário Executivo do Programa Nacional de Desburocratização; III pelo Presidente do Conselho Nacional de Auto-Regulamentação Publicitária-CONAR; IV - por dois (2) dirigentes de entidades públicas estaduais de defesa do consumidor; V - por três (3) dirigentes de entidades do setor privado ligadas

Com a lei da ação civil pública, pela primeira vez, a legislação brasileira permitiu aos consumidores organizados a possibilidade de efetivamente intervir judicialmente nas questões coletivas mais importantes, pleiteando, tanto dos fornecedores como dos governos, sua proteção.[144]

Por sua vez, a criação do Conselho Nacional de Defesa do Consumidor foi um marco importante, pois além de criar um espaço político para formulação de uma política nacional de defesa do consumidor, foi por meio deste conselho que surgiu, de maneira legítima e democrática, a proposta de elaboração do Código de Defesa do Consumidor.[145]

Foi neste período também que a Constituição Federal de 1988 dispensou especial atenção à defesa do consumidor. Trouxe, em seu bojo, artigos que se referem expressamente à proteção e defesa do consumidor, tais como os artigos 5º, XXXII, 170, V, e 48 do Ato das Disposições Constitucionais Transitórias, abaixo transcritos:

> Art. 5º [...]
>
> XXXII – o Estado promoverá, na forma da lei, a defesa do consumidor.
>
> Art. 170. A ordem econômica, fundada na valorização do trabalho humano e na livre-iniciativa, tem por fim assegurar a todos a existência digna, conforme os ditames da justiça social, observados os seguintes princípios: [...]

---

ao interesse do consumidor; VI - por um cidadão de notória atuação no âmbito da defesa do consumidor; VII - por um membro do Ministério Público, ligado à defesa do consumidor, proposto pelo Procurador-Geral."

144. SODRÉ, Marcelo Gomes. **Formação do Sistema Nacional de Defesa do Consumidor**. São Paulo: RT, 2007, p. 125.

145. O Conselho Nacional de Defesa do Consumidor foi extinto no mesmo ano em que o Código de Defesa do Consumidor foi promulgado. No lugar do Conselho Nacional de Defesa do Consumidor, foi criado o Departamento Nacional de Defesa do Consumidor (DPDC), órgão subordinado à Secretaria Nacional do Consumidor (Senacon) do Ministério da Justiça. Quando de sua criação, o DPDC era subordinado à Secretaria Nacional de Direito Econômico. Mas, com a criação da Secretaria Nacional do Consumidor pelo Decreto 7.738/2012, o DPDC passou a integrar esta secretaria.

V – Defesa do consumidor.

Art. 48 do ADCT. O Congresso Nacional, dentro de cento e vinte dias da promulgação da Constituição, elaborará código de defesa do consumidor.

Outros artigos da Constituição Federal, de maneira indireta, também abordaram o tema e merecem destaque: o art. 24, VIII, que atribui competência concorrente à União, aos Estados e ao Distrito Federal para legislar sobre responsabilidade por dano ao consumidor; o art. 150, § 5º, que determina que a lei estabeleça "medidas para que os consumidores sejam esclarecidos acerca dos impostos que incidam sobre mercadorias e serviços"; o art. 175, parágrafo único, II, determinando à lei dispor sobre os direitos dos usuários de serviços públicos; as normas do art. 220, § 4º, que dispõem sobre a propaganda comercial de tabaco, bebidas alcoólicas, agrotóxicos, medicamentos e terapias nos meios de comunicação – imprensa, rádio e televisão; o art. 221, que discorre sobre as diretrizes a serem observadas quanto à produção e à difusão de programas de rádio e televisão.

Portanto, pela leitura da carta constitucional, percebe--se que a defesa do consumidor é um direito fundamental e um princípio da ordem econômica, do que se deflui que sua tutela deva ser a mais ampla possível.[146]

Finalmente, após a Constituição Federal apontar para a elaboração de um código de proteção ao consumidor em até 120 dias de sua promulgação, em 11 de setembro de 1990, ou seja, quase dois anos após o prazo estabelecido, é editado o Código de Proteção e Defesa do Consumidor – Lei 8078/90, congregando um microssistema de normas civis,

---

146. Cláudia Lima Marques nos lembra que "a Constituição Federal de 1988, pela primeira vez na história dos textos constitucionais brasileiros, dispõe expressamente sobre a proteção dos consumidores, identificando-os como grupo a ser especialmente tutelado através da ação do Estado (Direitos Fundamentais, art. 5.º, XXXII)". (MARQUES, Claudia Lima. **Contratos no Código de Defesa do Consumidor**: o novo regime das relações contratuais. 5.ed. São Paulo: Ed. RT, 2005, p. 595)

processuais, administrativas e penais, voltadas para a tutela do consumidor.

O Código de Defesa do Consumidor torna-se, assim, um divisor de águas na defesa do consumidor no Brasil, impondo regras claras e princípios próprios, visando ao equilíbrio e à harmonia das relações de consumo, sendo uma das leis mais avançadas no mundo no tocante à defesa de consumidores.

3.2. A PROTEÇÃO DO CONSUMIDOR NA CONSTITUIÇÃO FEDERAL

Feita a abordagem do histórico da legislação de proteção do consumidor no Brasil, importa, neste momento, destacar como se deu a proteção do consumidor na nossa carta constitucional de 1988. Embora no item anterior tenha feito menção aos artigos em que a proteção do consumidor tenha alguma relevância constitucional, será importante, para o objetivo deste trabalho, analisar mais detalhadamente a previsão contida nos art. 5°, XXXII e art. 170, V e VI da Constituição Federal.

Isso porque queremos saber se e em que medida podemos utilizar os atuais artigos do Código de Defesa do Consumidor para a promoção do consumo sustentável ou se seria necessária uma nova lei ou mesmo a atualização do código consumerista para tal finalidade.

Pois bem. Primeiramente, a Constituição Federal previu a "defesa do consumidor" no art. 5°, XXXII, ou seja, no rol dos direitos e garantias fundamentais. Segundo este inciso, o Estado *"promoverá, na forma da lei, a defesa do consumidor"*.

Com isso, percebe-se que há um mandamento constitucional para que o Estado assuma, deste então, uma nova postura, qual seja, promover por meio de prestações positivas que o consumidor consiga, diante da caracterização de sua vulnerabilidade, ter uma atuação equilibrada nas relações de consumo, de modo a prover a satisfação de suas necessidades essenciais de alimentação, saúde, educação, segurança, lazer, etc. [147]

Interessante perceber que, quando a própria Constituição reconhece que o consumidor necessita de proteção (uma vez que o mandamento é para o Estado promover a defesa do consumidor), a mesma está reconhecendo que o consumidor é o vulnerável da relação com o fornecedor (caso contrário, não necessitaria de proteção!).

Ademais, é válido lembrar que todos os direitos elencados como direitos e garantias fundamentais, entre eles a proteção do consumidor, dispõe como fundamento a dignidade da pessoa humana, previsto no art. 1º da Constituição Federal.[148]

Portanto, a defesa do consumidor é vista como um meio de se promover a dignidade da pessoa humana em todos os seus aspectos, tanto na tutela da integridade física, existencial e econômica, quanto na tutela de sua igualdade, além de promover uma vida digna, por meio de um meio ambiente saudável.

Neste sentido, a defesa do consumidor deve ser vista e encarada pelo Estado de forma ampla, não somente visando proteger o consumidor perante o fornecedor nas relações contratuais, mas, sobretudo, para concretizar o mandamento constitucional de prover uma vida digna ao cidadão – consumidor.[149] E para isso – é aqui que nos interessa – será necessário garantir um meio ambiente equilibrado e sustentável.

---

147. Segundo Cláudia Lima Marques e Bruno Miragem, "trata-se aqui de uma nova dimensão ou geração de direitos fundamentais, direito à ação positiva, direito às prestações do Estado-juiz, do Estado-legislador e do Estado-executivo". (MARQUES, Claudia Lima; MIRAGEM, Bruno. **O novo direito privado e a proteção dos vulneráveis**. São Paulo: RT, 2012, p. 149)

148. Consta no artigo 1º da Constituição Federal: "Art. 1º: A República Federativa do Brasil, formada pela união indissolúvel dos Estados e Municípios e do Distrito Federal, constitui-se em Estado Democrático de Direito e tem como fundamentos: I - a soberania; II - a cidadania; III - a dignidade da pessoa humana; IV - os valores sociais do trabalho e da livre iniciativa; V - o pluralismo político. Parágrafo único. Todo o poder emana do povo, que o exerce por meio de representantes eleitos ou diretamente, nos termos desta Constituição."

149. Acerca do cidadão ser concomitante consumidor em nossa sociedade, Marcelo Schenk Duque doutrina que "todas as pessoas, independentemente de origem, raça, sexo, cor, idade ou de sua condição econômica têm em comum também o fato de serem con-

Vale dizer: se a Constituição determina que o Estado deverá, *na forma da lei*, proteger o consumidor e que esta diretriz deverá servir para a promoção da dignidade da pessoa humana, por meio, entre outras coisas, de proteção e de incentivo ao meio ambiente equilibrado, infere-se que a lei (no caso o Código de Defesa do Consumidor) poderá (e deverá) ser utilizado para promoção do consumo sustentável.

Além da previsão como direito e garantia fundamental no art. 5º, XXXII, a Constituição Federal ainda incluiu, não por acaso, a defesa do consumidor como princípio da ordem econômica. Nos termos do art. 170, *caput*, da Constituição Federal, *a ordem econômica, fundada na valorização do trabalho humano e na livre iniciativa, tem por fim assegurar a todos existência digna, conforme os ditames da justiça social*, observados, entre outros, os princípios da *defesa do consumidor* (inciso V) e a *defesa do meio ambiente* (inciso VI).[150]

Sendo conhecida como a constituição cidadã[151], promovedora dos direitos sociais, a carta constitucional, de forma explícita, tem como objetivos, no tocante à ordem econômica, assegurar vida digna aos cidadãos consumidores, de acordo com a justiça social, devendo compatibilizar para tanto a defesa do consumidor com a defesa do meio ambiente.

Os princípios gerais da atividade econômica relacionados no art. 170 da Constituição Federal, entre eles os já citados *defesa do consumidor* e *defesa do meio ambiente*, devem coexistir em plena harmonia, já que nenhum pode

---

sumidores ativos ou em potencial. Em outras palavras, não se vive em sociedade sem ser consumidor." (DUQUE, Marcelo Schenk. A proteção do consumidor como dever de proteção estatal de hierarquia constitucional. **Revista de Direito do Consumidor**, São Paulo: RT, vol. 71, p. 142 – 167, jul.-set. 2009, p. 149)

150. A Emenda Constitucional 42/2003 acrescentou redação ao inciso VI do art. 170, CF, especificando que o princípio da defesa do meio ambiente observará, *inclusive, o tratamento diferenciado conforme o impacto ambiental dos produtos e serviços e de seus processos de elaboração e prestação*. Com isso, percebe-se que a Constituição relaciona a proteção ambiental com o ciclo produtivo que antecede a relação de consumo, isto é, o ato de aquisição, utilização e descarte de produtos e serviços no mercado de consumo.

151. Expressão utilizada pelo Deputado Ulisses Guimarães, presidente da Assembleia Nacional Constituinte, em 05 de outubro de 1988, por ocasião da promulgação da Constituição Federal.

ser considerado de maior relevância em relação ao outro. Conforme nos ensina Fábio Konder Comparato, não há por que distinguir a defesa do consumidor, em termos de nível hierárquico, dos demais princípios econômicos declarados no art. 170. Exemplificando, menciona o autor que não poderá sacrificar o interesse do consumidor em defesa do meio ambiente, da propriedade privada, ou da busca do pleno emprego, nem, inversamente, preterir estes últimos valores ou interesses em prol da defesa do consumidor.[152]

Dessa forma, torna-se evidente a estreita relação entre as atividades econômicas, o meio ambiente e a proteção do consumidor. Assim é que o desenvolvimento, fundado na sustentabilidade dos recursos naturais, tornou-se um tema de grande relevância para a atual conjuntura socioeconômica.

José Afonso da Silva, ao tratar do tema do desenvolvimento sustentável, doutrina que a compatibilização do desenvolvimento econômico-social com a preservação da qualidade do meio ambiente e do equilíbrio ecológico são dois valores aparentemente em conflito que a Constituição de 1988 alberga, mas que a conciliação destes dois valores consiste na exploração equilibrada dos recursos naturais, nos limites da satisfação das necessidades do bem-estar da presente geração, assim como de sua conservação no interesse das gerações futuras.[153]

O desenvolvimento sustentável imposto pelo art. 170 da Constituição Federal inaugura uma nova fase no mercado de consumo, devendo a atividade empresarial agir com ética, transparência e visando à preservação dos recursos naturais, gerando enormes benefícios para a sociedade.[154]

---

152. COMPARATO, Fabio Konder. A proteção ao consumidor na Constituição Brasileira de 1988. **Revista de Direito Mercantil, Industrial, Econômico e Financeiro**, São Paulo, Nova Série, a. XXIX, n. 80, p. 66-75, out.-dez. 1990, p. 71.

153. SILVA, José Afonso da. **Direito ambiental constitucional**. São Paulo: Malheiros, 1995, p. 7-8.

154. SCHWARTZ, Fabio. A defesa do consumidor como princípio da ordem econômica – pressuposto inarredável para a atuação dos órgãos públicos e imprescindível para o desenvolvimento sustentado do país. **Revista de Direito do Consumidor**, São Paulo: RT, vol. 94, p. 15-34, jul.–ago., 2014, p. 21.

A interação entre a defesa do consumidor e a defesa do meio-ambiente como princípios da ordem econômica é clara para se buscar uma sociedade mais justa, digna e equilibrada, valorizando o cidadão-consumidor no mercado de consumo. A própria Constituição, ao harmonizar estes dois princípios da ordem econômica como meio de prover existência digna aos cidadãos, não só autoriza como impõe esta inter-relação, de modo a garantir o que poderíamos chamar de mercado de consumo sustentável.

Afinal, o exercício da atividade de consumo de forma desenfreada e sem consciência social e ambiental ofende não somente outros princípios gerais da atividade econômica, mas o próprio bem-estar do consumidor, ofendendo, em última instância, a dignidade da pessoa humana.

Também a Comissão de Direitos Humanos da ONU, na 29ª Sessão em Genebra, em 1973, ao elencar os "Direitos Fundamentais do Consumidor", faz menção expressa sobre a proteção do meio ambiente, mostrando-se necessária esta inter-relação entre consumo e meio-ambiente para melhorar a qualidade de vida do consumidor:

> [...]
>
> I- Direito à segurança – garantia contra produtos ou serviços que possam ser nocivos à vida ou à saúde;
>
> II- Direito à escolha – opção entre vários produtos e serviços com qualidade satisfatória e preços competitivos;
>
> III- Direito a informação – conhecimento dos dados indispensáveis sobre produtos ou serviços para uma decisão consciente;
>
> IV- Direito de ser ouvido – os interesses dos consumidores devem ser levados em conta pelos governos no planejamento e execução das políticas econômicas;
>
> V- Direito à indenização – reparação financeira por danos causados por produtos ou serviços;

Capítulo 3 · A PROTEÇÃO DO CONSUMIDOR NO BRASIL

VI- Direito à educação para o consumo – meios para o cidadão exercitar conscientemente sua função no mercado;

VII- Direito a um meio ambiente saudável – defesa do equilíbrio ecológico para melhorar a qualidade de vida agora e preservá-la para o futuro. (grifos nossos)

Para concluir, encontra-se nos artigos 5º, XXXII e 170, V e VI da Constituição Federal a fundamentação constitucional para o tratamento do consumo sustentável por meio do Código de Defesa do Consumidor. Conforme ressaltado, ao prever como direito fundamental a defesa do consumidor, *na forma da lei*, a Constituição autorizou o código consumerista a prover o suficiente para que o cidadão-consumidor pudesse ter uma vida digna no mercado de consumo. Também de modo a dar a todos existência digna, a Constituição impõe a compatibilização da defesa do consumidor com a defesa do meio ambiente, de modo a termos um mercado de consumo transparente e ético e que promova um *meio ambiente ecologicamente equilibrado*.[155]

Maria da Conceição Maranhão Pfeiffer, ao abordar as eficácias dos direitos fundamentais, em tese apresentada à USP, corrobora com esta conclusão, advertindo que "soma- -se a essas eficácias emanadas do direito ao consumo sustentável o fato de que um dos seus principais objetivos é a manutenção da qualidade de vida, o que justifica sua adoção também com base no princípio constitucional na dignidade da pessoa humana".[156]

Conforme visto, se o consumo passou a ser o grande vilão dos problemas ambientais, principalmente após a ECO-

---

155. Nos termos da Constituição Federal, art. 225, *caput*, "todos têm direito ao meio ambiente ecologicamente equilibrado, bem de uso comum do povo e essencial à sadia qualidade de vida, impondo-se ao Poder Público e à coletividade o dever de defendê-lo e preservá-lo para as presentes e futuras gerações."

156. PFEIFFER, Maria da Conceição Maranhão. **Direito à informação e ao consumo sustentável**. 2011. 166 fls. Tese (Doutorado em Direito) – Faculdade de Direito da USP. Universidade de São Paulo, São Paulo, p. 63.

92, colocando a tecnologia e a produção em segundo plano, nada melhor do que a lei que protege os consumidores em relação aos fornecedores no mercado de consumo tratar de tema inerente a esta relação: consumo de produtos e serviços, visando, sobretudo, proteger e preservar os recursos naturais para as presentes e futuras gerações.

Embora seja importante na atualidade a inserção na legislação consumerista, de modo expresso, de práticas que visam promover e incentivar padrões de produção e consumo sustentáveis – principalmente após a ECO-92 e a atualização da Resolução das Nações Unidas para defesa do consumidor, ocorrida em 1999[157] –. a falta expressa desta temática não impede a aplicação do Código de Defesa do Consumidor. Ao contrário, pelo mandamento constitucional, é o que se impõe.

Isso é o que se pretende demonstrar mais detalhadamente quando abordarmos os vários canais que o Código de Defesa do Consumidor dispõe para tratar do consumo sustentável. Mas antes, será preciso abordar que Código de Defesa do Consumidor não é uma lei meramente de regras, mas, sobretudo, principiológica. Isso facilitará (e muito!) nossa abordagem sobre a aplicação do CDC para a promoção do consumo sustentável.

3.3. O CÓDIGO DE DEFESA DO CONSUMIDOR COMO NORMA PRINCIPIOLÓGICA

De início, insta registrar que o Código de Defesa do Consumidor contém, como iremos ver mais a frente, vários dispositivos que faz menção, direta ou indiretamente, à proteção ambiental. Fato que por si só já seria suficiente para abordarmos, dentro do aspecto da proteção ambiental e do consumidor, a promoção do consumo sustentável.

---

157. Ao final deste trabalho, serão analisadas as referências expressas ao consumo sustentável inseridas na atualização do Código de Defesa do Consumidor, por meio dos PLs 281 e 283, atualmente em fase de tramitação na Câmara dos Deputados (os textos foram enviados pelo Senado Federal à Câmara dos Deputados no dia 04/11/2015).

Também vimos que, por mandamento constitucional, por meio do princípio da dignidade da pessoa humana e da correlação existente entre a defesa do consumidor e do meio ambiente, enquanto princípios ordenadores da ordem econômica, o tratamento do consumo sustentável também seria possível de ser feito por meio do Código de Defesa do Consumidor.

Não bastasse, o que se propõe a mostrar neste momento irá facilitar e nortear o tratamento do consumo sustentável por meio do Código de Defesa do Consumidor, pois esta lei, além de conter regras, possui natureza eminentemente principiológica.[158]

Com efeito, as legislações modernas que tutelam os direitos fundamentais geralmente são estruturadas por meio de proposições principiológicas, as quais sinalizam os valores e fins maiores a ser tutelados pela ordem jurídica. Já tive oportunidade de explicitar, em obra em que comentei os artigos do CDC, que

> é interessante observar que os diplomas normativos que disciplinam as matérias de direitos difusos a partir da década de 80, criando verdadeiros microssistemas (ex: ambiental - Lei 6938/81 e consumidor – Lei 8078/90), contem enunciados semelhantes, em que é descrita uma política nacional, com princípios e objetivos próprios. Isso ocorre porque estes microssistemas possuem fins próprios que devem ser perseguidos, possuindo autonomia através de uma principiologia própria.[159]

Além dos princípios, o CDC é estruturado por meio das cláusulas gerais (técnica legislativa na qual são utilizados conceitos jurídicos a serem preenchidas pelos magistrados

---

158. Sobre o CDC ser considerado como norma principiológica, conferir, entre outros: SODRE, Marcelo. **A construção do Direito do Consumidor**: Um estudo sobre as origens das leis principiológicas de defesa do consumidor. São Paulo: Atlas, 2009, p. 59-73. NERY JUNIOR, Nelson. **Código brasileiro de defesa do consumidor comentado pelos autores do anteprojeto**. 6.ed. Rio de Janeiro: Forense Universitária, 1999, p. 432.

159. GARCIA, Leonardo de Medeiros. **Código de Defesa do Consumidor Comentado**: doutrina e jurisprudência. 11.ed. Salvador: Juspodivm, 2015, p. 55-56.

quando da análise de um caso concreto, *v.g.*, boa-fé objetiva, função social do contrato, etc.). Conforme leciona Nelson Nery Junior, as cláusulas gerais são princípios positivados, atuando com o intuito de dar mobilidade aos Códigos e são fonte criadora de direitos e de obrigações, devendo ser aplicadas de ofício, em razão do caráter de norma de ordem pública.[160]

Por meio dos princípios e das cláusulas gerais instituídas no CDC, o intérprete deverá buscar, na solução dos casos, a concretização dos direitos fundamentais, entre eles o da dignidade da pessoa humana, através da harmonização da proteção ao consumidor e da proteção ambiental. Nos dizeres do Ministro Gilmar Mendes, "um meio de irradiação dos direitos fundamentais para as relações privadas seriam as cláusulas gerais (*Generalklausel*) que serviriam de 'porta de entrada' (*Einbruchstelle)* dos direitos fundamentais no âmbito do Direito Privado."[161]

Como norma principiológica, o CDC, de modo respeitar a dignidade do consumidor nos vários temas abordados (direitos básicos, responsabilidade por danos, publicidade, proteção contratual, etc.), deverá ter como foco a sustentabilidade das relações entre consumidores e fornecedores, por meio do chamado consumo sustentável.[162]

Deste modo, a interpretação a ser feita no CDC, por meio dos seus princípios norteadores e das cláusulas gerais será sempre no sentido de promover a dignidade da pessoa humana e a concretização dos direitos fundamentais. Para isso, a verificação da proteção ambiental visando propiciar uma melhora da qualidade de vida do consumidor é o que impõe, através do chamado consumo sustentável.

---

160. NERY JUNIOR, Nelson. Contratos no Código Civil – Apontamentos gerais. In: FRANCIULLI NETO, Domingos; MENDES, Gilmar; MARTINS, Ives Gandra da Silva (coords.). **O novo Código Civil** – Homenagem ao Professor Miguel Reale. 2. ed. São Paulo: Ed. LTr, 2006, p. 450.

161. Voto proferido pelo Min. Gilmar Mendes. (BRASIL. Supremo Tribunal Federal. **Recurso Extraordinário 201819 RJ**. Relatora Ministra. Ellen Gracie, 11 out. 2005. Disponível em: < http://stf.jusbrasil.com.br/jurisprudencia/762997/recurso-extraordinario-re-201819-rj>. Acesso em 10 out. 2014)

162. Conforme abordaremos a seguir, o princípio da sustentabilidade está implícito no CDC como norma-objetivo.

Capítulo 4

O CONSUMO SUSTENTÁVEL NO CÓDIGO DE DEFESA DO CONSUMIDOR

Diante de todos os problemas ambientais apresentados, caminhando para a escassez dos recursos naturais, comprometendo seriamente a qualidade de vida (e a própria vida!) das futuras gerações, um novo modelo de consumo capaz de diminuir a degradação ambiental se torna necessário.

O Código de Defesa do Consumidor, lei principiológica e de função social, é um instrumento capaz de propor e promover alternativas sustentáveis de consumo, atendendo aos ditames constitucionais de garantir um meio ambiente ecologicamente equilibrado e essencial à sadia qualidade de vida da população.

Até porque não é possível pensar em consumo sem relacioná-lo ao meio ambiente, pois é por meio deste que serão retirados os recursos para a produção de bens que serão consumidos pelo homem.[163]

Sobre a relação entre o direito do consumidor e o direito ambiental, Míriam de Almeida Souza ensina que esta interdependência, "laço já há muito analisado teoricamente nos países desenvolvidos, é um conceito cada vez mais divulgado entre os países em desenvolvimento." Ao final, completa a autora que "contra o presente consumo exagerado, propõe-se

---

163. SARRETA, Cátia Rejane Liczbinski. **Meio ambiente e consumo sustentável**: Direitos e deveres do consumidor. Passo Fundo: UPF Editora, 2007, p. 149.

o desenvolvimento e o consumo sustentáveis, que conciliam a meta do bem estar humano com um nível de consumo equilibrado e socialmente justo, que não destrua o meio ambiente de que depende a vida do planeta."[164]

No mesmo sentido, Paulo Antônio Locatelli doutrina que os temas de direito do consumidor e de direito ambiental devem ser tratados conjuntamente, uma vez que as legislações de proteção de ambas as matérias estão intimamente ligadas, convertendo para o mesmo fim, qual seja, a melhoria da qualidade de vida, propiciando a todos uma vida digna.[165]

Em interessante abordagem, Regina Vera Villas Bôas, com base nos ensinamentos da teoria do pensamento complexo de Edgar Morin, ensina que os direitos de 3ª dimensão (difusos), entre eles o consumidor e o ambiental, não devem ser tratados de maneira isolada, individualizada, mas sim de maneira transdisciplinar.[166,167]

Assim, o que se propõe neste trabalho, a partir deste momento, é demonstrar, por meio de uma visão panorâmica, os canais que o Código de Defesa do Consumidor disponibiliza visando à proteção ambiental nas relações de consumo.

---

164. SOUZA, Miriam de Almeida. **A política legislativa do consumidor no direito comparado**. Belo Horizonte: Nova Alvorada Edições, 1996, p. 199.

165. LOCATELLI, Paulo Antônio. Consumo sustentável. **Revista de Direito Ambiental**, São Paulo: RT, vol. 19. p. 297-300, jul.-set., 2000, p. 297.

166. Nesse sentido, a referida autora aponta que "o estudo dessas realidades, no contexto discutido, pode revelar que interesses e necessidades individuais e do grupo e/ou das coletividades difusas podem ser desprezados, quando o todo não consegue ser enxergado e percebido, sendo desprezado cada um dos participantes do grupo e/ou da coletividade. Assim, cada participante do grupo e/ou coletividade pode ter seus interesses (e/ou necessidades) respeitados, incondicionalmente, por todos os homens deste grupo e/ou coletividade, quando agir aplicando a transversalidade e a complexidade invocada por Morin. Desse modo, garantem a satisfação dos seus interesses e/ou necessidades e propiciam a cada um e a todos o sabor do bem comum, que é de cada um, individualmente e, é de todos, em conjunto." (BÔAS, Regina Vera Villas. Um olhar transverso e difuso aos direitos humanos de terceira dimensão – a solidariedade concretizando o dever de respeito à ecologia e efetivando o postulado da dignidade da condição humana. **Revista de Direito Privado**, São Paulo: RT, vol. 51, p. 11-34, 2012, p. 11)

167. Edgar Morin, nesse sentido, afirma que "o todo está no um e o um está no todo". (MORIN, Edgar. **Introdução ao pensamento complexo**. 3. ed. Trad. Eliane Lisboa. Porto Alegre: Sulina, 2007)

Isso se torna importante e essencial na atualidade, uma vez que o consumidor, em geral, não parece estar plenamente consciente acerca da relação entre os prejuízos ambientais que o nosso planeta está sofrendo (perda da qualidade do ar, da água, as mudanças climáticas, a perda da biodiversidade, entre outros) e os hábitos atuais da sociedade de consumo. [168]

4.1. O CONSUMO SUSTENTÁVEL NA FORMULAÇÃO DA POLÍTICA NACIONAL DAS RELAÇÕES DE CONSUMO

Considerado por muitos como o principal artigo do Código de Defesa do Consumidor, o artigo 4º enumera os princípios e objetivos a serem perseguidos pela chamada Política Nacional das Relações de Consumo.

Segundo Eros Grau, as normas enumeradas no art. 4º do CDC são consideradas "normas objetivos", possuindo papel fundamental, uma vez que condicionam a interpretação a ser feita pelo código. [169]

Uma vez que o artigo enumera objetivos a serem perseguidos, seja por meio de políticas públicas, seja por meio da atuação do fornecedor e do próprio consumidor, e também princípios a serem aplicados, as demais normas devem ser interpretadas finalisticamente, visando à busca desses objetivos (resultados).

Assim, segundo o autor, o intérprete deve refutar qualquer interpretação que não seja adequada à realização dos fins inscritos na norma objetivo do art. 4º, concluindo que "a tarefa de interpretação encontra balizas claras traçadas

---

168. Segundo pesquisa realizada pelo Instituto Akatu em 2004, intitulada "Descobrindo o consumidor consciente", somente 6% dos consumidores brasileiros podem ser considerados **consumidores conscientes**, ou seja, que levam em consideração, no momento da compra, valores como proteção ao meio ambiente e ações sociais dos fabricantes e fornecedores. Disponível em <http://www.akatu.org.br/Content/Akatu/Arquivos/file/Publicacoes/10-consum.pdf>. Acesso em: 05 maio 2015.

169. GRAU, Eros Roberto. Interpretando o Código de Defesa do Consumidor: algumas notas. **Revista de Direito do Consumidor**, São Paulo: RT, vol. 5. p.183-189, jan. – mar., 1993, p. 187.

pelo legislador de 1990. O intérprete que delas se aproximar estará aplicando o CDC. Aquele que delas se afastar estará descumprindo a lei".[170]

Em outras palavras, o que Eros Grau está afirmando é que, quando falarmos em norma-objetivo, como aquelas dispostas no CDC, isso significa compreender essas normas como aquelas que fixam princípios na busca de objetivos.[171]

Dentre os objetivos a serem perseguidos pela Política Nacional das Relações de Consumo e que norteará toda a interpretação e a aplicação do código se encontra o atendimento das necessidades dos consumidores, o respeito à sua dignidade, saúde e segurança, a proteção de seus interesses econômicos, a melhoria da sua qualidade de vida, bem como a transparência e harmonia das relações de consumo.[172]

Percebe-se, claramente, que o CDC tem como objetivo a melhoria da qualidade de vida do consumidor, amparado no princípio constitucional da dignidade da pessoa humana. Em outras palavras, para que se realize o princípio fundante da dignidade, é necessário, conforme o CDC nos informa, que se promova a melhoria da qualidade de vida do consumidor por meio das relações de consumo. A partir desta premissa que é o objetivo central, toda atuação no mercado de consumo, seja por meio da responsabilização dos danos causados, seja por meio da publicidade nos contratos ou em qualquer prática adotada, deve ter como norte maior a melhoria da qualidade de vida do consumidor.

Assim, com base neste objetivo e nos princípios que estão descritos no artigo 4º, o CDC prioriza um consumo de forma racionalizada, consciente, responsável e, princi-

---

170. GRAU, Eros Roberto. Interpretando o Código de Defesa do Consumidor: algumas notas. **Revista de Direito do Consumidor**, São Paulo: RT, vol. 5. p.183-189, jan. – mar., 1993, p. 189.

171. SODRE, Marcelo. **A construção do Direito do Consumidor**: Um estudo sobre as origens das leis principiológicas de defesa do consumidor. São Paulo: Atlas, 2009, p. 68.

172. Objetivos previstos no art. 4º, *caput* do CDC.

palmente, que agrida o menos possível o meio ambiente. Se ao constatar uma relação que promova um consumo desenfreado, supérfluo, que esgote os recursos naturais de forma desequilibrada, tal relação não encontrará amparo diante do CDC, uma vez que atinge diretamente a qualidade da vida do consumidor, ofendendo sua dignidade.

Afinal de contas, é inconcebível pensar em qualidade de vida quando as nascentes dos rios estão secando; a poluição do ar está aumentando; recursos minerais estão se esgotando; doenças estão aumentando em razão da poluição causada pelo descarte indevido dos produtos, etc.

Diante de tal plano, o CDC, embora não mencione expressamente a expressão "consumo sustentável", promove e defende somente um consumo que propicie uma melhora na qualidade da vida do consumidor. Isso somente será possível se o mesmo for sustentável, agredindo o menos possível o meio ambiente.

José Afonso da Silva também associa a proteção ambiental à qualidade de vida do cidadão. Afirma o autor que a tutela da qualidade do meio ambiente deve ser entendida como instrumento de proteção à qualidade de vida, ou seja, para a proteção da vida e de sua qualidade, é imprescindível a proteção do meio ambiente.[173]

A proteção do meio ambiente e do consumidor, princípios da ordem econômica como já visto, possuem em comum um forte elo de ligação: o da sustentabilidade. Segundo Gabriel Real Ferrer, a sustentabilidade relaciona-se inicialmente com a proteção ambiental (defesa do entorno), mas também com as dimensões sociais (inclusão social, entre eles a saúde e o ensino), dimensões econômicas (crescimento e distribuição de renda) e dimensões tecnológicas (aprender a compartilhar as tecnologias que podem ajudar a humani-

---

173. SILVA, José Afonso da. **Direito ambiental constitucional**. 6. ed. São Paulo: Malheiros, 2007, p. 70.

dade e, por outra, prevenir as tecnocatástrofes, como queda por dias da internet), tendo como objetivo promover uma sociedade mais justa e uma melhor qualidade de vida entre os seus membros.[174]

Como o CDC possui como objetivo a melhoria da qualidade de vida dos consumidores, na esteira do princípio da dignidade da pessoa humana, é conclusivo pensarmos que a produção e o consumo (temas interligados e que estão amparados na norma consumerista) precisam ser sustentáveis, ou seja, o princípio da sustentabilidade está presente no artigo 4° do CDC e deve ser considerado sempre na interpretação do código.

Também neste sentido, Fábio de Souza Trajano, citando o artigo 4° do CDC e contextualizando o tema com a Constituição Federal, explicita que o princípio da sustentabilidade é um princípio implícito no direito do consumidor. [175]

Já nos princípios enumerados expressamente no artigo 4°, temos, logo no inciso I, o princípio da vulnerabilidade. Não por acaso, o princípio da vulnerabilidade é o princípio básico do sistema consumerista, dele decorrendo todos os demais princípios. Portanto, salutar e de boa técnica sua enumeração em primeiro lugar. Todos os princípios enumerados no artigo 4° e outros espalhados pelo código somente farão sentido quando, primeiramente, for reconhecida a vulnerabilidade do consumidor. Sem esta premissa

---

174. UNISINOS. Instituto Humanitas. **Soberania, governança global e ecossistema compartilhado em debate.** Entrevista especial com Gabriel Ferrer à faculdade Unisinos. 28 mar. 2014. Disponível em: <http://www.ihu.unisinos.br/entrevistas/529649-a-discussao-de-e-meu-ou-e-meu-faz-parte-do-passado-entrevista-especial-com-gabriel-ferrer>. Acesso em: 24 jun. 2015.

175. Explicita o autor que "diante de tantos pontos em comum e em razão da importância para as gerações atuais e futuras, poderíamos dizer que, na verdade, o princípio da sustentabilidade é um princípio implícito no direito do consumidor, pois, embora não previsto expressamente no Código de Defesa do Consumidor, deve ser observado, na produção e no consumo dos bens e serviços, sob pena de flagrante violação aos interesses dos consumidores da atual e das futuras gerações." (TRAJANO, Fábio de Souza. O princípio da sustentabilidade e o direito do consumidor. **Revista de Direito do Consumidor,** São Paulo: RT, vol. 71, p. 65 -76, jul. – set., 2009, p. 72)

reconhecida, não terá sentido qualquer norma de proteção e princípio a ser aplicado. Noutras palavras, é justamente a vulnerabilidade presente nos consumidores que justifica a existência do Código de Defesa do Consumidor.

Já explicitamos que a própria Constituição reconheceu a vulnerabilidade do consumidor como marca fundante da proteção. Isso porque quando a Constituição previu no art. 5º, XXXII, que o Estado deverá promover a "defesa do consumidor", é porque reconheceu que este indivíduo se apresenta vulnerável frente ao outro parceiro contratual (no caso o fornecedor, *expert* da relação).

De outro modo, se fossem parceiros (consumidor e fornecedor) que agissem na relação em "pé de igualdade", não faria sentido a Constituição prever a defesa de um deles. O princípio da isonomia somente deve ser aplicado na medida em que trata desigualmente os desiguais. E é justamente isso o que acontece com a defesa do consumidor na Constituição. Defender o consumidor, pois, por se apresentar vulnerável na relação de consumo, necessita de proteção (tratamento diferenciado).

No tocante à seara ambiental, é importante assimilarmos que a sociedade atual (de consumo) vem produzindo e consumindo bens e serviços sem os devidos cuidados, causando sérios danos ao meio ambiente. Não somente a forma de produção, mas também o consumo exagerado e o incorreto descarte dos produtos por nossa sociedade têm agravado os problemas ambientais.[176]

Por sua vez, os consumidores, como vulneráveis na relação, não possuem conhecimentos sobre a possível nocividade

---

176. Paulo Valério Dal Pai Moraes exemplifica com "o caso dos recipientes plásticos de refrigerante, nos quais não existem avisos sobre os danos que causam ao meio ambiente, gerando, a partir da falta de informação, mas, principalmente, do próprio descarte das embalagens, imensos prejuízos ao ambiente urbano, especificamente aos esgotos, e às águas nas quais os lixos das cidades desemboca." (MORAIS, Paulo Valério Dal Pai. **Código de Defesa do Consumidor**: O princípio da vulnerabilidade no contrato, na publicidade, nas demais práticas comerciais. 3. ed. Porto Alegre: Livraria do Advogado, 2009, p.185)

e periculosidade dos produtos ao meio ambiente. Como não conhecem o modo como foram produzidos os produtos e como são prestados os serviços, bem como são feitos os descartes dos produtos, o consumidor não tem como avaliar quais fornecedores apresentam responsabilidade socioambiental.[177]

Constata-se, assim, a chamada vulnerabilidade ambiental.[178] Em razão justamente desta vulnerabilidade é que se sustenta, conforme analisamos anteriormente, que a responsabilidade compartilhada do consumidor somente

---

177. Françoise Maniet, pesquisadora do Centro de Direito do Consumidor da Universidade Católica de Louvain - Bélgica, também concorda no sentido de que o consumidor não possui conhecimento e informação suficiente sobre os benefícios e malefícios ambientais dos produtos, constatando, assim, sua vulnerabilidade. Entende a pesquisadora de que "naturalmente, o consumidor pode contribuir para a nova ordem ambiental, mas o fato é que, em verdade, estão sendo dados a ele muito poucos recursos para fazê-lo: a) o consumidor não tem controle algum sobre o processo produtivo em si; b) ele não pode avaliar por si mesmo a exatidão e a confiabilidade de apelos ambientais e selos que lhe são dirigidos; c) mesmo que ele seja colocado em posição de fazer uma escolha por produtos com um selo ambiental oficial, o impacto de tal escolha "inofensiva do ponto de vista ambiental" permaneceria restrito por causa dos limites inerentes ao próprio sistema do selo oficial." (MANIET, Françoise. Os apelos ecológicos, os selos ambientais e a proteção dos consumidores. **Revista de Direito do Consumidor**, São Paulo: RT, vol. 4, p. 7-25, out. – dez., 1992, p. 22)

178. Com base nos ensinamentos de Cláudia Lima Marques, já tive oportunidade de abordar outras vulnerabilidades: "Para a autora, três tipos de vulnerabilidades são identificáveis: a técnica, a jurídica (ou científica) e a fática (ou socioeconômica). Resumidamente, a vulnerabilidade técnica seria aquela na qual o comprador não possui conhecimentos específicos sobre o produto ou o serviço, podendo, portanto, ser mais facilmente iludido no momento da contratação. A vulnerabilidade jurídica seria a própria falta de conhecimentos jurídicos, ou de outros pertinentes à relação, como contabilidade, matemática financeira e economia. Já a vulnerabilidade fática é a vulnerabilidade real diante do parceiro contratual, seja em decorrência do grande poderio econômico deste último, seja pela sua posição de monopólio, ou em razão da essencialidade do serviço que presta, impondo, numa relação contratual, uma posição de superioridade. [...] Recentemente, Cláudia Lima Marques ainda aponta outro tipo de vulnerabilidade: a informacional. Embora reconheça-a como espécie de vulnerabilidade técnica, a autora dá destaque à necessidade de informação na sociedade atual. Para ela, as informações estão cada vez mais valorizadas e importantes e, em contrapartida, o déficit informacional dos consumidores está cada vez maior. Assim, de modo a compensar este desequilíbrio, deve o fornecedor procurar dar o máximo de informações ao consumidor sobre a relação contratual, bem como sobre os produtos e serviços a serem adquiridos. Nesse sentido, hoje em dia, algumas informações não podem deixar de acompanhar a relação de consumo, seja sendo prestada de forma clara e precisa pelo fornecedor diretamente ao consumidor, seja acompanhando o produto nas embalagens." (GARCIA, Leonardo de Medeiros. **Código de Defesa do Consumidor Comentado**: doutrina e jurisprudência. 11.ed. Salvador: Juspodivm, 2015, p. 30-33). Paulo Valério Dal Pai Moraes ainda aponta outros tipos de vulnerabilidades: política ou legislativa (a fraqueza do consumidor no cenário brasileiro frente ao lobby dos fornecedores); neuropsicológica (decorrente dos mais variados e eficazes apelos de marketing) e tributária. (MORAIS, Paulo Valério Dal Pai. **Código de Defesa do Consumidor**: O princípio da vulnerabilidade no contrato, na publicidade, nas demais práticas comerciais. 3. ed. Porto Alegre: Livraria do Advogado, 2009, p. 141-204)

pode ocorrer quando há ampla e larga informação. Somente o consumidor informado pode agir de forma consciente e ser responsabilizado pelos danos ambientais causados pelos resíduos sólidos. Também, conforme veremos, a informação ambiental dos produtos e serviços será importante e essencial ferramenta para a promoção do consumo sustentável.

Paulo Valério Dal Pai Moraes aponta que a vulnerabilidade ambiental é uma realidade, decorrendo diretamente das imposições mercadológicas, em que produtos e serviços, em princípio apresentados como benéficos, possuem alta potencialidade danosa ao meio ambiente.[179] E isso tudo sem o consumidor ter o mínimo conhecimento.

Portanto, o reconhecimento da vulnerabilidade ambiental do consumidor é extremamente importante, pois somente com esta premissa é que poderemos justificar a imposição aos fornecedores de concederem a máxima informação sobre os benefícios e os malefícios ambientais dos produtos e serviços, de modo que o consumidor possa contribuir (e também ser responsabilizado no caso dos resíduos) na promoção da sustentabilidade do consumo.

Outro canal que o Código de Defesa do Consumidor dispõe para a abordagem do consumo sustentável é o art. 4º, inciso III. Neste inciso está previsto, como objetivo do código,

> a harmonização dos interesses dos participantes das relações de consumo e compatibilização da proteção do consumidor com a necessidade de desenvolvimento econômico e tecnológico, de modo a viabilizar os princípios nos quais se funda a ordem econômica (art. 170, da Constituição Federal), sempre com base na boa-fé e equilíbrio nas relações entre consumidores e fornecedores.

Constata-se, por meio deste inciso, que a proteção do consumidor deve ser sempre compatibilizada com o

---

179. MORAIS, Paulo Valério Dal Pai. **Código de Defesa do Consumidor**: O princípio da vulnerabilidade no contrato, na publicidade, nas demais práticas comerciais. 3. ed. Porto Alegre: Livraria do Advogado, 2009, p.191.

desenvolvimento econômico, considerando os princípios informadores do art. 170 da Constituição Federal, entre eles o da "defesa do meio-ambiente".

Deste modo, qualquer forma de desenvolvimento, seja econômico, tecnológico entre outros; deve-se harmonizar com a proteção ambiental, de modo que o meio ambiente seja o menos afetado possível. Assim, se o desenvolvimento só é possível se harmonizado com a proteção ambiental e a proteção do consumidor, como os princípios constantes do art. 170 da Constituição Federal, conclui-se que a produção e o consumo devem se dar de modo sustentáveis, como objetivo a ser perseguido pelo CDC, sob pena de ofensa ao inciso III, do art. 4º do CDC, e também ao art. 170, V e VI da Constituição Federal.

Podemos concluir, deste modo, que o consumo sustentável é um objetivo a ser perseguido pelo CDC. Qualquer prática de consumo que desrespeite valores ambientais e agrida ao meio ambiente será rechaçado pelo código consumerista.

Deve-se considerar também o art. 4º, III, do CDC, como um canal de promoção de práticas sustentáveis de consumo através do princípio da função social da propriedade (empresa), instituído no inciso III do art. 170 da Constituição Federal. Quanto a isso, ensina Maria da Conceição Maranhão Pfeiffer que "o exercício da propriedade dos bens de produção, por conseguinte, está condicionado à consecução de sua finalidade social o que impõe, dentre outros requisitos, a observância de defesa do consumidor, do meio ambiente, dos interesses dos trabalhadores e da dignidade da pessoa humana." Ademais, alega que "é possível afirmar que se enquadra no conceito de função social da empresa a preocupação de que os processos de produção dos bens e de prestação de serviços sejam efetivados de modo a preservar o meio ambiente."[180]

---

180. PFEIFFER, Maria da Conceição Maranhão. **Direito à informação e ao consumo sustentável**. 2011. 166 fls. Tese (Doutorado em Direito) – Faculdade de Direito da USP. Universidade de São Paulo, São Paulo, p. 48.

Por fim, na formulação da Política Nacional das Relações de Consumo, temos o reconhecimento de três importantes ferramentas para a promoção da proteção ambiental e, portanto, do consumo sustentável: a aplicação do princípio da sustentabilidade (art. 4º, *caput*), o reconhecimento do princípio da vulnerabilidade ambiental do consumidor (art. 4º, I) e o reconhecimento do consumo sustentável como objetivo a ser perseguido pelo CDC.

4.2. PRINCÍPIO DA INFORMAÇÃO AMBIENTAL AO CONSUMIDOR

A principal forma de promover o consumo sustentável é dar a máxima e ampla informação sobre os benefícios e malefícios que os produtos e serviços podem causar ao meio ambiente. Somente assim o consumidor pode contribuir racionalmente e de maneira motivada para a proteção do nosso planeta, dentre outras formas: i) optando por produtos e serviços cuja origem seja menos impactante ao meio ambiente, ii) evitando o menor desperdício possível no consumo dos produtos; iii) procedendo corretamente no momento pós-consumo (coleta seletiva, reciclagem, etc.); iv) e até mesmo deixando de consumir determinados produtos e ou serviços, por serem potencialmente nocivos ao meio ambiente ou por serem desnecessários e sem utilidade. [181, 182]

---

181. Interessante a abordagem feita por Antônio Carlos Efing e Fernanda Mara Gibran, relacionando a falta de informação com o consumismo. Afirmam os autores que "o consumismo, nesta perspectiva, é também resultado da falta da informação, uma vez que o consumidor bem informado selecionaria com mais acuidade os bens materiais que pretende adquirir, diminuindo a aquisição compulsiva de produtos e serviços majoritariamente desnecessários e o excesso de resíduos deles decorrentes." (EFING, Antônio Carlos; GIBRAN, Fernanda Mara. Informação para o pós-consumo: consoante à lei 12.305/2010. **Revista de Direito Ambiental**, São Paulo: RT, vol. 66. p. 209 -232, abr. – jun., 2012, p. 209)

182. Para reconhecer o princípio da informação ao consumidor como um meio eficaz na promoção do consumo sustentável, ver BIERWAGEN, Mônica Yoshizato. **A informação ambiental na relação de consumo**. Direito ambiental – Direito do consumidor. 8 maio 2007. Disponível em <http://www.rkladvocacia.com/arquivos/artigos/art_srt_arquivo20080731122009.pdf>. Acesso em: 05 maio 2015.

Em relação ao dever do fornecedor/direito do consumidor de dar/receber informação sobre dados ambientais nos produtos e serviços, principalmente de modo a fazer com que o consumidor haja de maneira consciente e transparente sobre a melhor forma de não degradar o meio ambiente, preservando, assim, os recursos naturais para as gerações futuras, o CDC possui inúmeros canais (artigos, incisos e parágrafos) que se referem ao princípio da informação.

Conforme nos informa Paulo Antônio Locatelli, os produtos podem ser danosos ao meio ambiente desde a extração da matéria-prima, ou seja, antes mesmo da confecção do produto e, portanto, da sua existência, passando pelo seu uso irregular e indiscriminado, até a destinação após sua inutilização. Assim, para o referido autor, o consumidor deve ser diligente quando da aquisição de produtos considerados de alto risco ao meio ambiente, devendo estes serem preteridos e substituídos por outros que não agridam ou agridam menos o meio ambiente em que vivemos. [183]

Mas esta participação ativa do consumidor, conforme elencado pelo autor acima citado, somente será possível caso ele receba informações adequadas e precisas sobre os impactos que o consumo causa ao meio ambiente.[184] Assim,

---

183. LOCATELLI, Paulo Antônio. Consumo sustentável. **Revista de Direito Ambiental**, São Paulo: RT, vol. 19. p. 297-300, jul.-set., 2000, p. 297.

184. Contudo, conforme doutrina Mônica Yoshizato Bierwagen, "relacionar as duas ideias – consumo e meio ambiente – ainda não tem sido uma conduta corriqueira. Basta observarmos que apenas uma mínima parte da população estabelece esse tipo de raciocínio no momento da escolha de um produto: deveras, na prática, são poucos os que se preocupam com a origem do material, a mão-de-obra empregada, o processo de industrialização etc.; em regra, escolhe-se pela aparência, preço, grife, design e tantos outros critérios. É certo que esse fenômeno se influencia por diversos fatores, como a condição econômica do consumidor, que nem sempre dispõe de recursos para optar por um produto mais caro apenas por ser ambientalmente saudável, o marketing que envolve os produtos e serviços, o consumismo, a falta de conhecimento acerca dos impactos do consumo no meio ambiente etc., mas é igualmente verdadeiro que parte dessa falta de reflexão decorra do desconhecimento do consumidor, que muitas vezes não sabe o que há por trás dos bens e serviços que adquire." BIERWAGEN, Mônica Yoshizato. **A informação ambiental na relação de consumo**. Direito ambiental – Direito do consumidor. 8 maio 2007. Disponível em <http://www.rkladvocacia.com/arquivos/artigos/art_srt_arquivo20080731122009.pdf>. Acesso em: 05 maio 2015.

a informação é o principal meio pelo qual o consumidor pode mudar os padrões de consumo, de modo a causar menos degradação ao meio ambiente. Nos dizeres de Maria Alexandra Aragão, o "direito a conhecer" os impactos ambientais dos produtos e também dos resíduos gerados é a primeira condição para que o consumidor possa efetuar uma compra responsável.[185]

O desafio fundamental das legislações, entre eles o CDC, é estimular a conscientização dos consumidores em relação ao custo ambiental (energia, matéria-prima, recursos naturais e geração de resíduos) dos produtos que são consumidos. [186][187]

Este processo de conscientização do consumidor é fundamental para a sociedade, uma vez que, geralmente, os malefícios ambientais apresentam resultado mediato e ocorrem pela conjugação de fatores que são difíceis de serem identificados. Deste modo, naturalmente há uma dificuldade de o consumidor/cidadão perceber a relação entre as práticas realizadas e a degradação ambiental e agir, consequentemente, no sentido de proteção ao meio ambiente.[188]

Conforme nos aponta Ulrich Beck, muitos dos novos riscos (contaminações nucleares ou químicas, substâncias

---

185. ARAGÃO, Maria Alexandra de Souza. A compra responsável e a prevenção de resíduos domésticos. In: **Conferência Nacional sobre a qualidade do ambiente**, Lisboa, n. 6, v. 1, Actas. Lisboa: Universidade Nova de Lisboa, p. 1-7, 1999, p. 3.

186. Vale lembrar que a Constituição Federal prevê como incumbência do Poder Público, para a efetivação da proteção do meio ambiente ecologicamente equilibrado, a promoção da educação ambiental em todos os níveis de ensino e a conscientização pública para a preservação do meio ambiente (art. 225, § 1º, VI da Constituição Federal).

187. Recentemente a Lei 13.186, de 11 de novembro de 2015, instituiu a Política de Educação para o Consumo Sustentável, com o objetivo de estimular a adoção de práticas de consumo e de técnicas de produção ecologicamente sustentáveis.

188. Quando se está diante de problemas de grandes dimensões, como é o caso das questões que envolvem consumo e meio ambiente, há uma tendência natural de o indivíduo manter-se inativo, desprezando a importância de sua participação. Essa é a conhecida lógica do *free rider* ou carona, que pode ser resumida pelo seguinte raciocínio: "se todos participam, não há razão para que eu participe, uma vez que a minha contribuição marginal será irrelevante. Se, ao contrário, ninguém participa, também não há razão para que eu participe, pois terei que arcar com os custos sozinho". (PORTILHO, Fátima. **Sustentabilidade ambiental, consumo e cidadania**. 2.ed. São Paulo: Cortez, 2010, p. 171)

tóxicas nos alimentos, enfermidades civilizacionais, etc.) escapam à capacidade perceptiva imediata do ser humano. Com frequência, muitos desses riscos e ameaças não são percebidos e vistos pelos afetados e alguns deles sequer irão produzir efeitos ao longo da vida dos afetados, mas sim na vida dos seus descendentes.[189]

Sobre a necessidade de conscientização dos consumidores para a promoção do consumo sustentável, Marilena Lazzarini e Lisa Gunn apontam que a consciência do consumidor tem que ser suficientemente modificada para causar mudanças no comportamento. Nos dizeres das autoras, "os consumidores precisam estar convencidos de que quando fazem compras estão, de fato, exercendo uma responsabilidade social, política e moral que vai além dos seus interesses particulares."[190]

A conscientização do consumidor sobre o impacto ambiental dos produtos e serviços consumidos somente será possível por meio da educação e da informação clara.[191] Sendo assim, reconhecendo o consumo sustentável como um dos objetivos da Política Nacional das Relações de Consumo, o CDC, em vários momentos, frisou a necessidade de educar e informar o consumidor e o fornecedor a respeito de práticas éticas, legais e sustentáveis.[192]

---

189. BECK, Ulrich. **Sociedade de Risco**: Rumo a uma outra modernidade. Trad. Sebastião Nascimento. São Paulo: Editora 34, 2010, p. 32.

190. LAZZARINI, Marilena; GUNN, Lisa. Consumo sustentável. In: BORN, Rubens Harry (Coord.). **Diálogos entre as esferas global e local**: contribuições de organizações não-governamentais e movimentos sociais brasileiros para a sustentabilidade, equidade e democracia planetária. São Paulo: Petrópolis, 2002, p. 83.

191. Na Lei Nacional de Resíduos Sólidos (Lei 12.305/2010), há vários artigos que fazem menção ao princípio da informação, conforme se previu expressamente no tocante ao "direito da sociedade à informação e ao controle social" (art. 6.º, X, Lei 12.305/2010); o "estímulo à rotulagem ambiental e ao consumo sustentável" (art. 7.º, XV, Lei 12.305/2010); a educação ambiental (arts. 8.º, VIII e 19, X, Lei 12.305/2010); e a "divulgação de informações relativas às formas de evitar, reciclar e eliminar os resíduos sólidos associados a seus respectivos produtos" (art. 31, II, Lei 12.305/2010).

192. No mesmo sentido é o objetivo da Lei 13.186, de 11 de novembro de 2015, que instituiu a Política de Educação para o Consumo Sustentável. Consta no art. 2º da referida lei como objetivos a serem perseguidos, entre outros: "I - incentivar mudanças de atitude dos consumidores na escolha de produtos que sejam produzidos com base em processos ecologicamente sustentáveis;" e "V - estimular as empresas a incorporarem as dimensões social, cultural e ambiental no processo de produção e gestão."

Logo no artigo 4º do CDC, inciso IV, o CDC dispõe, também como objetivo da Política Nacional das Relações de Consumo, *"a educação e a informação de fornecedores e consumidores, quanto aos seus direitos e deveres, com vistas à melhoria do mercado de consumo"*. (grifo nosso)

Não bastasse, no rol de direitos básicos do consumidor instituído no art. 6º, o CDC, no incisos II e III, dispõe também sobre o direito à *"a educação e divulgação sobre o consumo adequado dos produtos e serviços, asseguradas a liberdade de escolha e a igualdade nas contratações"* e a *"a informação adequada e clara sobre os diferentes produtos e serviços, com especificação correta de quantidade, características, composição, qualidade, tributos incidentes e preço, bem como sobre os riscos que apresentem"*.

Assim, de modo a melhor conscientizar o consumidor sobre práticas sustentáveis de consumo, dois instrumentos importantes foram lançados: a educação (ambiental) e a informação (ambiental).

Sobre a ordem em que aparecem no CDC, tanto como objetivos da PNRC, tanto como direitos básicos do consumidor – primeiro, a educação e, depois, a informação –, Karoline de Lucena Araújo alerta para a coerência da sequência desta disposição, uma vez que é preciso educar primeiro para que seja dada a informação necessária.[193] Embora não dê para afirmar que foi esta a intenção do legislador, a conclusão da autora tem fundamento, uma vez que de nada adianta ou pouco proveito terá se apenas informar o consumidor sem que antes seja dada a educação necessária sobre práticas sustentáveis.

Somente quando o consumidor e o fornecedor se conscientizarem por meio da educação ambiental de que os recur-

---

193. ARAÚJO, Karoline de Lucena. Consumo e meio ambiente: considerações do direito do consumidor à informação, como instrumento de sustentabilidade. CUNHA, Belinda Pereira da; AUGUSTIN, Sérgio (orgs.). **Sustentabilidade ambiental**: estudos jurídicos e sociais. Caxias do Sul: Educs, 2014. Ebook. p. 209-225. Disponível em: < http://www.ucs.br/site/midia/arquivos/Sustentabilidade_ambiental_ebook.pdf>. Acesso em: 04 maio 2015.

sos naturais de nosso planeta estão se esgotando, afetando a qualidade de vida da presente e das futuras gerações, é que as informações poderão ser úteis para se alcançar o objetivo da sustentabilidade das práticas de consumo.

Sem a conscientização dada por meio da educação, a informação, por melhor e mais transparente que possa ser fornecida, terá pouca utilidade. Afinal de contas, o consumidor pode até ser informado que um produto polui menos o meio ambiente do que outro, mas se este último for mais barato e o consumidor não for consciente de práticas sustentáveis, provavelmente escolherá este e não aquele. Por isso a importância da educação (ambiental) para consumidores e fornecedores promoverem uma constante melhoria no mercado de consumo.

De outro modo, também somente a educação ambiental (conscientização) sem o fornecimento de informações adequadas, pouco proveito se terá para a promoção do consumo sustentável. Mônica Yoshizato Bierwagen cita como exemplo a coleta seletiva. O consumidor pode até estar consciente da necessidade de separar o lixo devidamente e até mesmo ter disponível o sistema apropriado para realizar a coleta, mas se não for fornecida informações sobre o tipo de material dos produtos ou das embalagens, não terá como proceder à separação correta. Da mesma forma ocorre com a reutilização dos produtos. O consumidor pode ser educado a reaproveitar as embalagens dos produtos, mas, se não souber se estas poderão ser reutilizadas e para qual finalidade, dificilmente optará pelo reuso.[194]

Somente práticas sustentáveis, tanto por parte dos fornecedores como por parte dos consumidores, farão com que menos recursos ambientais sejam utilizados e menos

---

194. BIERWAGEN, Mônica Yoshizato. **A informação ambiental na relação de consumo.** Direito ambiental – Direito do consumidor. 8 maio 2007. Disponível em <http://www.rkladvocacia.com/arquivos/artigos/art_srt_arquivo20080731122009.pdf>. Acesso em: 05 maio 2015.

degradação ambiental seja realizada. Com isso, haverá uma melhora na qualidade de vida do consumidor, havendo, consequentemente, uma melhora do mercado de consumo.

Conforme ressalta Karoline de Lucena Araújo, a educação não é apenas o fornecimento de informações, mas a formação de uma consciência, de um cidadão responsável. A educação, neste viés, está intimamente relacionada à cidadania. Somente o indivíduo devidamente educado está consciente de seus direitos e deveres, não apenas para si, mas principalmente para a sociedade, fato imprescindível para a formação e a promoção do consumo sustentável.[195]

O cidadão/consumidor que foi educado e, portanto, consciente de seus atos para o bem da sociedade, poderá escolher produtos que são produzidos por empresas que possuem responsabilidade socioambiental, descartando produtos de empresas que degradam o meio ambiente. Isso, é claro, se forem dadas as devidas informações ambientais dos produtos aos consumidores. Mas, frisa-se: sem a educação anteriormente, que promoverá uma conscientização no consumidor, de nada adiantará a informação nos produtos e serviços.

O artigo 6º, II, do CDC, ainda reforça a tônica dos direitos da educação e a informação ambiental, uma vez que visa assegurar o *"consumo adequado"* dos produtos e serviços. Ora, consumo adequado não está relacionado somente aos riscos em relação à saúde e à segurança que o consumidor poderá sofrer na utilização dos produtos e dos serviços.

Consumo adequado significa também, em consonância com a Constituição Federal e com o próprio CDC, que as práticas de consumo devam ser sustentáveis, agredindo o

---

195. ARAÚJO, Karoline de Lucena. Consumo e meio ambiente: considerações do direito do consumidor à informação, como instrumento de sustentabilidade. CUNHA, Belinda Pereira da; AUGUSTIN, Sérgio (orgs.). **Sustentabilidade ambiental**: estudos jurídicos e sociais. Caxias do Sul: Educs, 2014. Ebook. p. 209-225. Disponível em: < http://www.ucs.br/site/midia/arquivos/Sustentabilidade_ambiental_ebook.pdf>. Acesso em: 04 maio 2015.

menos possível o meio ambiente. Seria inconcebível pensar em consumo adequado com um consumo de produtos e serviços que agrida o meio ambiente, que não se preocupa com o devido descarte dos resíduos, entre outras práticas não sustentáveis. Até porque, se se admitir tal consumo, estar-se-á desrespeitando princípios constitucionais como o da dignidade da pessoa humana (uma vez que a qualidade de vida dos consumidores irá piorar com o tempo) e o da equidade intergeracional (a geração presente possui o direito de usufruir os recursos naturais, desde que haja o dever de protegê-los para as futuras gerações).

O inciso II, do art. 6º, do CDC, ainda prevê que deve ser assegurada a *liberdade de escolha* e a *igualdade nas contratações*. O consumidor, para que ele tenha efetiva liberdade de escolher os produtos e serviços (e até mesmo optar por não consumir) que melhor atendam aos seus anseios, é necessário, primeiramente, dar-lhe informação e educação para que exerça este importante direito.

É preciso dar conhecimento ao consumidor sobre os benefícios e malefícios ambientais, para que, diante de vários produtos e serviços disponíveis no mercado, possa escolher conscientemente aquele que mais atenda aos critérios que antecipadamente internalizou como importantes.

Se o consumidor for um cidadão consciente da preservação dos recursos naturais, por exemplo, certamente procurará produtos e serviços que menos agridam ao meio ambiente. Deste modo, somente garantir a liberdade de escolha não garantirá que o consumidor possa escolher o que melhor lhe atenda. É preciso dar-lhe educação e informação adequada para que exerça conscientemente a liberdade de escolher os produtos e serviços que causem menos malefícios ao meio ambiente, assegurando, assim, igualdade nas contratações.

Assegurar a igualdade nas contratações entre consumidor e fornecedor somente será possível (se é que é possível), caso sejam dadas ao consumidor informações adequadas sobre todos os aspectos importantes dos produtos e serviços a serem adquiridos, inclusive os ambientais, de modo a mitigar a vulnerabilidade existente do consumidor.[196]

Neste sentido, o inciso III, do art. 6º, do CDC, assegura o direito à informação adequada e clara dos produtos e serviços como direito básico, com especificação correta de quantidade, características, composição, qualidade, tributos incidentes e preço, inclusive sobre os riscos que apresentam, de forma a subsidiar objetivamente a escolha do consumidor.

O importante, nos termos do inciso III, é a informação ser *adequada* e *clara* para poder a promoção do consumo sustentável ser efetiva. Um dos quesitos que devem ser informados ao consumidor, de acordo com o inciso III, do art. 6º, é a *"qualidade"* dos produtos e serviços. Por *"qualidade"*, infere-se que não está somente ligado à satisfação do consumidor com a utilização do produto ou do serviço de acordo com a sua finalidade, mas também de acordo com a sua eficiência ecológica (*v.g.* consumo de recursos naturais, redução na formação de resíduos, etc.).

Manuela Prado Leitão aduz ao *princípio da qualidade global dos produtos*, constando o desempenho ecológico como elemento essencial da "qualidade" a ser informada ao consumidor.[197] Assim, a qualidade ambiental dos produtos e

---

196. A Lei 13.186/201, que instituiu a Política de Educação para o Consumo Sustentável, incumbiu ao poder público, em âmbito federal, estadual e municipal: "I - promover campanhas em prol do consumo sustentável, em espaço nobre dos meios de comunicação de massa;" e "II - capacitar os profissionais da área de educação para inclusão do consumo sustentável nos programas de educação ambiental do ensino médio e fundamental." Em relação aos resíduos sólidos, o Decreto 7.404 de 2010, que regulamentou a Lei de Resíduos Sólidos, incumbiu ao Poder Público de "IV - desenvolver ações educativas voltadas à conscientização dos consumidores com relação ao consumo sustentável e às suas responsabilidades no âmbito da responsabilidade compartilhada;" VI - elaborar e implementar planos de produção e consumo sustentável;" e "VIII - divulgar os conceitos relacionados com a coleta seletiva, com a logística reversa, com o consumo consciente e com a minimização da geração de resíduos sólidos" (incisos do §2º do art. 77 do Decreto 7.404/2010).

197. LEITÃO, Manuela Prado. **Rotulagem Ecológica e o Direito do Consumidor à informação**. Porto Alegre: Verbo Jurídico, 2012, p.153. Sobre esta temática, a autora aborda o princípio da qualidade global dos produtos. Assim, dentro da qualidade dos produtos e serviços, consta o desempenho ecológico.

dos serviços deve ser informada, de modo a dar consciência ao consumidor sobre os efeitos e os impactos produzidos no meio ambiente, considerando todo o ciclo de vida do produto e serviço, ou como se diz popularmente, do *berço ao caixão*.[198]

No mesmo sentido, *"riscos"*, no inciso III, do art. 6º, não está relacionado somente à possibilidade de danos à saúde e à segurança do consumidor, mas também à possibilidade de degradação ambiental. Afinal, em decorrência dos danos causados ao meio ambiente, a saúde e a segurança do consumidor serão seriamente atingidas, afetando a qualidade de vida da sociedade como um todo.

Não por acaso é que os arts. 8º, 9º e 10 do CDC abordam a necessidade de informação adequada em relação aos riscos que produtos e serviços podem causar à saúde e à segurança dos consumidores. Se considerarmos que os produtos e serviços nocivos ao meio ambiente causam malefícios, ainda que tardiamente, à saúde e à qualidade de vida dos consumidores, constatamos que tais artigos podem ser utilizados para a prevenção dos também chamados riscos ambientais.

Mônica Yoshizato Bierwagen aborda os riscos ambientais como riscos indiretos à saúde e segurança do consumidor, uma vez que, ao afetar a qualidade ambiental, geram danos, potenciais ou efetivos, à saúde e bem-estar da coletividade.[199] Assim, o risco direto seria a potencialidade de dano direto

---

198. A Lei 13.186, de 11 de novembro de 2015, instituiu a Política de Educação para o Consumo Sustentável, com o objetivo de estimular a adoção de práticas de consumo e de técnicas de produção ecologicamente sustentáveis. Consta no art. 2º da referida lei como objetivo a serem perseguido: "VI - promover ampla divulgação do ciclo de vida dos produtos, de técnicas adequadas de manejo dos recursos naturais e de produção e gestão empresarial."

199. Nesse sentido, declara que "como o CDC, na disciplina da proteção do consumidor relativa aos riscos decorrentes do consumo (arts. 8.º a 10), não distingue entre diretos ou indiretos, parece não haver óbice, numa primeira aproximação, a uma identificação positiva entre a tutela conferida pela lei e os riscos ambientais decorrentes do consumo: sendo o consumo excessivo (ou, mais precisamente, a ocorrência intensiva e repetida de inúmeras relações de consumo) uma das causas responsáveis pelo surgimento de risco ao equilíbrio ecológico e, conseqüentemente, à qualidade de vida da coletividade, não há por que excluí-los da disciplina jurídica estabelecida pelo Código." (BIERWAGEN,

à saúde do consumidor causado pelo produto ou serviço (*v.g.* faca que contém a base solta, gerando possível corte na mão ou nos dedos do consumidor) e o risco indireto seria a potencialidade de danos ambientais, que, por sua vez, afetam a qualidade de vida e a saúde do consumidor (*v.g.* descarte indevido do lixo, podendo causar incômodos, doenças, etc.)[200]

A promoção do consumo sustentável, nesta hipótese, dar-se-á por meio de ampla e adequada informação sobre os possíveis riscos que os produtos e serviços podem causar ao meio ambiente. Assim é que o art. 8° prevê que os produtos e os serviços não poderão acarretar riscos (ambientais), exceto os considerados *normais e previsíveis*.

Esta constatação da normalidade e da previsibilidade dos riscos também se aplica na seara ambiental. Isso porque, conforme nos aponta John Adams, não há possibilidade de viver sem correr algum tipo de risco.[201] Sempre algum risco haverá quando do consumo de produtos e serviços, seja em relação à saúde e segurança dos consumidores, seja em relação aos danos ambientais.

Mônica Yoshizato. **A informação ambiental na relação de consumo**. Direito ambiental – Direito do consumidor. 8 maio 2007. Disponível em <http://www.rkladvocacia.com/arquivos/artigos/art_srt_arquivo20080731122009.pdf>. Acesso em: 05 maio 2015)

200. Com toda esta abordagem feita sobre os riscos ambientais tutelados pelo CDC, concordamos com a doutrina que defende a aplicação do princípio da precaução nas relações de consumo. Por fugir do escopo do presente trabalho, não iremos abordar esta discussão. Nas atualizações do CDC, em trâmite na Câmara dos Deputados, foi inserido expressamente o princípio da precaução. Sobre a aplicação do princípio da precaução nas relações de consumo, conferir: AFONSO, Luiz Fernando. Princípio da precaução nas relações de consumo. **Revista Jus Navigandi**, Teresina, ano 16, n. 3028, 16 out. 2011. Disponível em: <http://jus.com.br/artigos/20248>. Acesso em: 7 maio 2015 e HARTMANN, Ivan Alberto Martins. O princípio da precaução e sua aplicação no direito do consumidor: dever de informação. **Revista de Direito do Consumidor**, São Paulo: Revista dos Tribunais, n. 70, p.172-235, abr. – jun., 2009.

201. Esclarece o autor que "não há provas convincentes de que alguém queira uma vida com risco zero - ela seria indizivelmente enfadonha - e certamente não existem evidências da possibilidade de uma vida assim. O ponto de partida de qualquer teoria do risco deve ser a ideia de que qualquer pessoa, de livre e espontânea vontade, corre riscos." Complementa ainda o autor, dizendo que "o homem do risco zero é uma ficção pela imaginação dos profissionais de segurança." (ADAMS, John. **Risco**. São Paulo: Editora Senac, 2009. p. 49-50)

A normalidade e a previsibilidade são importantes e decorrem da própria natureza de alguns produtos e serviços, pois, caso contrário, boa parte de produtos e serviços não poderiam ser inseridos no mercado, uma vez que apresentam, em maior ou menor grau, riscos à saúde e à segurança dos consumidores e também riscos ambientais. Assim, todo produto ou serviço, por mais seguro e inofensivo, traz sempre um pouco de insegurança para o consumidor e para o meio ambiente. Aduz Herman Benjamin que "o Direito, de regra, só atua quando a insegurança ultrapassa o patamar da normalidade e da previsibilidade do risco, consubstanciando-se em verdadeiro defeito".[202]

Como exemplo, podemos citar alguns produtos químicos (soda cáustica, gasolina, diesel, explosivos etc). São produtos que podem causar sérios danos ambientais, principalmente se mal utilizados. Se não pudesse causar nenhum risco ao meio ambiente, estes produtos não poderiam ser produzidos e comercializados.

Neste caso, como são *potencialmente nocivos* ao meio ambiente, o art. 9º do CDC prevê que a informação deve ser feita de maneira *ostensiva e adequada*, tudo para evitar o dano ambiental que, se causado, poderá se tornar irreversível. Mas isso não significa que não podem ser produzidos. Somente precisam possuir informações ostensivas e adequadas sobre a correta utilização, os cuidados a serem tomados quando do consumo etc; para que sejam evitados os danos.

Além das informações ostensivas e adequadas, deve o fornecedor adotar quaisquer medidas complementares visando à preservação do meio ambiente, nos moldes do art. 9º do CDC.[203] Como os danos ambientais são muitos deles

---

202. BENJAMIN, Antônio Herman V. **Manual de Direito do Consumidor**. São Paulo: RT, 2007, p. 115.

203. Art. 9º do CDC: "O fornecedor de produtos e serviços potencialmente nocivos ou perigosos à saúde ou segurança deverá informar, de maneira ostensiva e adequada, a respeito da sua nocividade ou periculosidade, sem prejuízo da adoção de outras medidas cabíveis em cada caso concreto."

irreversíveis, podendo ser ainda de grandes proporções, todo o cuidado é necessário para melhor informar sobre os possíveis danos que os produtos e serviços possam causar ao meio ambiente.

Nos moldes do art. 10 do CDC, "*o fornecedor não poderá colocar no mercado de consumo produto ou serviço que sabe ou deveria saber apresentar alto grau de nocividade ou periculosidade à saúde ou segurança do consumidor*". Ao aplicar este artigo para a proteção ambiental, tem-se que nenhum produto ou serviço que apresente alto grau de nocividade e periculosidade ao meio ambiente pode ser fornecido ou prestado no mercado de consumo.

Em outras palavras, não somente os danos diretos (saúde e segurança do consumidor) são tutelados, mas também os chamados danos indiretos (danos ao meio ambiente que, por sua vez, afetam a saúde e a qualidade de vida do consumidor).

Em um primeiro momento, podemos ter um produto ou serviço que não apresente alto grau de nocividade e periculosidade à saúde do consumidor (dano direto), mas que seja altamente perigoso ou nocivo para o meio ambiente (dano indireto).

Neste caso, ainda que não haja alto risco de dano direto à saúde do consumidor, não poderá ser permitido (ou ao menos deverá ser permitido sobre certas condições e cuidados), no mercado de consumo o produto ou serviço que possa causar graves danos ambientais, por apresentarem alto grau de nocividade ou periculosidade.

Como exemplo, temos o ácido bórico, que é um ácido fraco comumente utilizado como antisséptico, inseticida e como retardante de chamas. Ele pode ser encontrado em antissépticos e adstringentes, esmaltes de unhas, cremes para a pele, algumas tintas, pesticidas, produtos para matar baratas e formigas e alguns produtos de uso oftalmológico. Em baixas doses, o ácido bórico não oferece risco à saúde. Porém, quando descartado indevidamente em mananciais ou redes hídricas, pode ser prejudicial para as plantas e outros seres vivos.[204]

De acordo com o parágrafo primeiro, do art. 10 do CDC[205], caso o fornecedor, após a introdução no mercado de consumo, tenha conhecimento da periculosidade ou da nocividade ao meio ambiente dos produtos e serviços, deverá comunicar o fato imediatamente às autoridades competentes e aos consumidores, mediante anúncios publicitários.[206] É uma forma de *recall ambiental:* alertar os consumidores que já adquiriram os produtos ou os serviços sobre a nocividade e a periculosidade que apresentam ao meio ambiente.

Assim, podemos imaginar uma embalagem de um produto que não apresente necessariamente risco de danos à saúde e à segurança do consumidor, mas que, se incorretamente descartado (se, por exemplo, for jogado em rios ou lagos), em razão de suas substâncias, poderá causar danos consideráveis ao meio ambiente, como morte de peixes, contaminação das nascentes, etc.

Neste caso, poderá perfeitamente ser utilizado o parágrafo primeiro do art. 10 do CDC para obrigar o fornecedor a alertar, da maneira mais ampla possível e de forma adequada, os consumidores que adquiram este produto sobre a

---

204. Dados consultados em <http://www.ecycle.com.br/component/content/article/63-meio-ambiente/2180-substancias-cosmeticos-produtos-higiene-quimicos-nocivos-evitar-triclosan-formaldeido-parabenos-triclocarban-alcatrao-carvao-hulha-cocamida-dea-bha-bht-chumbo-fragrancia-tolueno-oxibenzona-acido-borico-liberadores-dioxina-lauril-sulfato-de-sodio-fluor.html>. Acesso em: 28 maio 2015. No mesmo sentido da nocividade ao meio ambiente do ácido bórico, principalmente em altas concentrações, constatação da Universidade Federal de São Paulo. Disponível em <www2.unifesp.br/reitoria/residuos/fichas-de.../a/acido_borico.doc>. Acesso em: 28 maio 2015.

205. Art. 10. § 1° do CDC: "O fornecedor de produtos e serviços que, posteriormente à sua introdução no mercado de consumo, tiver conhecimento da periculosidade que apresentem, deverá comunicar o fato imediatamente às autoridades competentes e aos consumidores, mediante anúncios publicitários."

206. De acordo com § 3°do art. 10 do CDC, esta obrigação de informar aos consumidores existe também para as pessoas jurídicas de direito público da administração direta. Prevê o art. 10. § 3° do CDC: "Sempre que tiverem conhecimento de periculosidade de produtos ou serviços à saúde ou segurança dos consumidores, a União, os Estados, o Distrito Federal e os Municípios deverão informá-los a respeito."

forma correta do descarte (isso porque, como somente após a introdução do produto no mercado é que o fornecedor teve ciência da nocividade ao meio ambiente, não havia nenhuma informação na embalagem ou alerta sobre o descarte). Caso seja necessário, dependendo da gravidade da situação, deve até mesmo convocar *("chamar de volta")* os consumidores para que devolvam as embalagens ao fornecedor, para que este proceda ao correto descarte.

Corroborando a preocupação com a nocividade e a periculosidade (inclusive ambiental) dos produtos e serviços, o art. 6º, I, prevê como direito básico do consumidor *"a proteção da vida, saúde e segurança contra os riscos provocados por práticas no fornecimento de produtos e serviços considerados perigosos ou nocivos"*.

De acordo com o inciso I, do art. 6º, não somente a informação adequada e qualificada deve ser utilizada como meio de se evitar riscos ambientais, mas também qualquer prática suficiente para evitar lesões ao meio ambiente (e consequentemente na saúde dos consumidores).

Assim, a norma autoriza a retirada de produtos ou a proibição de serviços no mercado de consumo que possam causar riscos substanciais de degradação ambiental, embora não causem diretamente danos à saúde e à segurança dos consumidores. É o caso, por exemplo, de um produto fabricado que não gera nenhuma insegurança ao consumidor, nem mesmo apresenta risco à sua saúde quando do manuseio e uso. Porém, apresenta quantidade considerável de materiais em sua composição que não podem ser reutilizados ou reciclados, gerando resíduos excessivos.

Neste caso, o produto, embora aparentemente não apresente riscos à saúde e segurança do consumidor, causa sérios problemas ambientais, afetando com o tempo a qualidade de vida e a saúde do consumidor e das gerações futuras.

Por fim, em relação ao direito de informação como instrumento eficaz na promoção do consumo sustentável, temos o art. 31, *caput* do CDC.[207] Este artigo prevê a necessidade de informações corretas, claras, precisas, ostensivas sobre vários aspectos que envolvem os produtos e serviços, como características, qualidades, quantidade, composição, preço, garantia, prazos de validade e origem, entre outros dados, bem como sobre os riscos que apresentam à saúde e segurança dos consumidores.

Por se tratar da oferta dos produtos e serviços, o art. 31 do CDC tem um aspecto bem prático na promoção de práticas sustentáveis de consumo. Isso porque é justamente na fase da oferta que a informação ganha especial importância, sendo geralmente este o momento de reflexão do consumidor sobre se deve adquirir ou não e, em caso positivo, qual produto ou serviço adquirir.

Neste sentido, a correta, veraz, adequada e útil informação sobre aspectos ambientais dos produtos e serviços será fundamental para o consumidor consciente – aquele que foi educado em práticas sustentáveis – optar por produtos e serviços que degradam menos o meio ambiente.

Vale dizer que não é somente na fase pré-contratual que a informação ambiental é importante. No momento pós-consumo, a informação fornecida na oferta (geralmente nos rótulos ou em avisos que acompanham os produtos) será fundamental para o correto descarte dos resíduos, gerando menos poluição.

A rotulagem ambiental, visando melhor informar e orientar o consumidor sobre os malefícios e benefícios ambientais causados pelos produtos, deve ser incentivada. O fornecedor deve divulgar dados que representem riscos de

---

207. Art. 31, *caput,* do CDC: "A oferta e apresentação de produtos ou serviços devem assegurar informações corretas, claras, precisas, ostensivas e em língua portuguesa sobre suas características, qualidades, quantidade, composição, preço, garantia, prazos de validade e origem, entre outros dados, bem como sobre os riscos que apresentam à saúde e segurança dos consumidores."

impactos ao ambiente, quer pela produção, pelo uso e pelo descarte do produto.[208, 209]

No mesmo sentido, apontam Marilena Lazzarini e Lisa Gunn, aludindo ainda para a necessidade do uso de certificados ou selos ambientais conferidos por entidade independente para melhor informar o consumidor. Destacam que "é dever das empresas atender o direito dos consumidores à informação sobre os impactos socioambientais dos produtos e serviços, por meio de certificados fornecidos por terceira parte independente e de balanços sociais e ambientais consistentes, transparentes e passíveis de verificação."[210]

A Lei 13.186, de 11 de novembro de 2015, instituiu a Política de Educação para o Consumo Sustentável, com o objetivo de estimular a adoção de práticas de consumo e de técnicas de produção ecologicamente sustentáveis. Consta no art. 2° da referida lei como objetivos a serem perseguidos: "VIII - zelar pelo direito à informação e pelo fomento à rotulagem ambiental" e "IX - incentivar a certificação ambiental."

Para que o consumidor possa exercer uma compra consciente e responsável, não somente visando atender a seus interesses individuais, mas também visando ao bem da coletividade, através da preservação ambiental, esclare-

---

208. A Lei da Política Nacional de Resíduos Sólidos (Lei 12.305/2010) prevê como objetivo o "estímulo à rotulagem ambiental e ao consumo sustentável" (inciso XV do art. 7°).

209. Manuela Prado Leitão aponta a diferença entre a chamada "rotulagem ambiental" e a "rotulagem ecológica". A primeira, baseada na ética antropocêntrica, insere o ser humano no centro das questões ambientais. A única razão para políticas de proteção ao meio ambiente é preservar à saúde, segurança e a vida do ser humano. Neste sentido, danos ambientais são aqueles danos sobre a natureza, mas que prejudicam algum aspecto da vida humana. Já a rotulagem ecológica, baseada na ética ecocêntrica, prestigia os valores ecológicos, o direito da natureza não sofrer agressão, independentemente dos danos causados ao ser humano. Busca reduzir o sofrimento de todos os seres, inclusive os não humanos. Neste sentido, danos ecológicos são aqueles que repercutem sobre a ecosfera, uma perturbação ao patrimônio natural. Conferir: LEITÃO, Manuela Prado. **Rotulagem ecológica e o direito do consumidor à informação**. Porto Alegre: Verbo Jurídico, 2012, p.32-33.

210. LAZZARINI, Marilena; GUNN, Lisa. Consumo sustentável. In: BORN, Rubens Harry (Coord.). **Diálogos entre as esferas global e local**: contribuições de organizações não-governamentais e movimentos sociais brasileiros para a sustentabilidade, equidade e democracia planetária. São Paulo: Petrópolis, 2002, p. 82.

ce Manuela Prado Leitão que "dados de cunho ambiental devem ser compreendidos no conceito de características e qualidade do produto, na medida em que paulatinamente começam a ser elemento de ponderação, pelo consumidor, no momento da aquisição dos produtos. Tornam-se, pois, informação essencial e influenciam a decisão de compra do consumidor." Exemplifica, assim, a autora que há cidadãos que optam pelo consumo de produtos orgânicos, recicláveis, que tenham consumo reduzido de energia e água, que emitam menores volumes de gás carbônico para a atmosfera etc., ainda que tenham de pagar um preço um pouco mais elevado.[211]

Diante da vulnerabilidade do consumidor, principalmente a ambiental, em que o consumidor não detém informações sobre os malefícios e os benefícios causados pelos produtos, a informação a ser repassada aos consumidores deve ser de fácil entendimento, clara, ostensiva, veraz e que seja capaz realmente de produzir uma reflexão e compra consciente.

Deste modo, expressões vagas e imprecisas como *"amigo do meio ambiente", "produto verde", "não polui a camada de ozônio", "100% natural", "ecologicamente correto"* devem ser evitadas, justamente por não informar efetivamente sobre os malefícios e/ou benefícios ambientais causados pelo produto. Estas expressões são utilizadas por marketing, visando atrair consumidores que desejam consumir produtos mais saudáveis, pessoal e coletivamente. O problema, como ressaltado, é que tais expressões nada informam, levando consumidores, em alguns casos, a erro, configurando, assim, a publicidade enganosa (art. 37, §1º do CDC).[212]

---

211. LEITÃO, Manuela Prado. A proteção ambiental entre deveres e direitos fundamentais do consumidor. **Revista Internacional Direito e Cidadania - REID**, n. 9, fev.-maio, 2011. Disponível em: <http://www.reid.org.br/?CONT=00000231>. Acesso em: 11 maio 2015.

212. Na Representação 77/13, julgado em março de 2014 pelo CONAR, o Conselho de Ética deliberou pela retirada da expressão "produto 100% ecológico" em oferta promovida nas embalagens dos produtos da Bombril Eco, justamente porque é difícil a comprovação desta informação, podendo induzir a erro o consumidor.

Este procedimento, visando parecer ao consumidor ser uma empresa ou um produto melhor ao meio ambiente do que os demais concorrentes, é denominado de "maquiagem ambiental" ou "maquiagem verde" ou em inglês *greenwashing*. Nos dizeres de Marcelo Sodré e Patrícia Iglecias, "é a construção de uma imagem ecologicamente correta, sem que haja um real compromisso ambiental".[213]

Também devem ser evitados os excessos de informações e dados ambientais nos rótulos dos produtos. O enorme volume de informações (excesso informacional) acaba por desinformar o consumidor, na medida em que as informações importantes e essenciais ficam diluídas nas informações supérfluas, atrapalhando a conscientização do consumidor.

Da mesma forma, conforme nos aponta Manuela Prado Leitão, a proliferação de rótulos também deve ser evitada. Chamada de *logojungle* ou *selva de logotipos,* a enorme quantidade de rótulos, públicos e privados, certificados por empresas ou por instituições ou não, geram mais desinformação e confusão do que efetivamente conscientização no consumidor.[214]

Maria da Conceição Maranhão Pfeiffer, em tese defendida na USP, cita pesquisa realizada nos Estados Unidos e Canadá pela *Terra Choice Environmental Marketing,* apontando os sete pecados cometidos pelas empresas no tocante às informações ambientais. São eles:

> a) O pecado do custo ambiental camuflado (*the sin of the hidden trade off*) ocorre quando se chama a atenção a um atributo do ciclo do produto que seja ambientalmente benéfico, mas se escondem os demais impactos prejudiciais que ocorreram ao meio ambiente, como

---

213. LEMOS, Patrícia Faga Iglecias; SODRE, Marcelo. Consumo Sustentável. **Caderno de Investigações Científicas**, Brasília, vol. III, Brasília: Escola Nacional de Defesa do Consumidor do Ministério da Justiça, 2013, p. 134.

214. LEITÃO, Manuela Prado. **Rotulagem ecológica e o direito do consumidor à informação**. Porto Alegre: Verbo Jurídico, 2012, p.110.

por exemplo, a emissão de gases de CO2, ou o uso de produtos químicos perigosos.

b) O pecado da ausência de prova (*sin of no proof*) é reconhecido quando o apelo ambiental não pode ser substancialmente sustentado por dados que possam ser acessados ou por uma certificação de terceira parte. A porcentagem de conteúdo reciclável no produto, por exemplo, não é passível de evidências.

c) O pecado do culto a falsos rótulos (*sin of worshiping false labels*) manifesta-se quando o produto, por meio de palavras ou imagens, dá a falsa impressão de que é endossado por uma terceira parte cuja certificação inexiste. Informa a existência de uma falsa rotulagem.

d) O pecado da irrelevância (*sin of irrelevance*) dá-se quando a informação fornecida pode ser verdadeira, mas sem importância e sem utilidade para sua diferenciação perante os consumidores. O exemplo mais citado é o produto que indica ser livre de "CFC", quando a substância "CFC" já é proibida por lei para todos os produtos aerosóis.

e) O pecado do "menos pior" (*sin of lesser of two devils*) procura chamar a atenção a um diferencial de um produto, dentre os demais da categoria, que pode ser verdadeiro, como sua origem orgânica, por exemplo. Contudo, o fator prejudicial reside em toda a categoria a que o produto pertence, por exemplo, no caso de um cigarro que seja também orgânico.

f) O pecado da mentira (*sin of fibbing*) aparece quando o apelo ambiental é simplesmente falso. É o caso, por exemplo, de produto que se alega certificado ou registrado por um selo inexistente, ou de empresa produtora que alegue proceder a pesquisas visando diminuir o impacto ambiental de seus produtos, quando jamais o fez.

g) O pecado da incerteza (*the sin of the vagueness*) ocorre quando o produto é definido de forma vaga e ambígua, com o objetivo de confundir o consumidor. "All natural" (todo natural), é o exemplo citado. Contudo, mercúrio e arsênio, por exemplo, são elementos naturais e ao mesmo tempo prejudiciais à saúde.[215][216]

Assim, além das exigências constantes do art. 31 do CDC, como informações *corretas, claras, precisas, ostensivas e em Língua Portuguesa*, as informações ambientais devem ser verazes (verdadeiras e passíveis de comprovação), pertinentes (devem ter relação com os processos de produção e de comercialização dos produtos e serviços anunciados), e relevantes (o benefício ambiental deverá ser significativo em termos do impacto do produto ou serviço sobre o meio ambiente, em todo o seu ciclo de vida, ou seja, na sua produção, uso e descarte).[217]

---

215. PFEIFFER, Maria da Conceição Maranhão. **Direito à informação e ao consumo sustentável**. 2011. 166 fls. Tese (Doutorado em Direito) – Faculdade de Direito da USP. Universidade de São Paulo, São Paulo, p. 128-129.

216. Com o objetivo de avaliar práticas de *greenwashing* no mercado brasileiro, a Market Analysis realizou a mesma pesquisa, entre os dias 11 de fevereiro e 02 de março de 2010, na região da Grande Florianópolis, seguindo a metodologia descrita e disponibilizada no relatório *The Seven Sins of Greenwashing*, cujos direitos pertencem à TerraChoice. No Brasil, entre todos os apelos encontrados, 90% deles cometeram pelo menos um dos sete pecados da rotulagem ambiental. Entre todos os cometidos, o pecado da incerteza se apresenta como o mais frequente (46%) nas embalagens dos produtos. Disponível em: <http://marketanalysis.com.br/wp-content/uploads/2014/07/Greenwashing-in-Brazil.pdf>. Acesso em: 11 maio 2015.

217. O anexo U "Apelos de sustentabilidade" do Código Brasileiro de Autorregulamentação Publicitária do CONAR descreve os seguintes princípios que deverão nortear as publicidades, principalmente em relação à informação ambiental: "Além de atender às provisões gerais deste Código, a publicidade submetida a este Anexo deverá refletir a responsabilidade do anunciante para com o meio ambiente e a sustentabilidade e levará em conta os seguintes princípios: 1. CONCRETUDE: As alegações de benefícios socioambientais deverão corresponder a práticas concretas adotadas, evitando-se conceitos vagos que ensejem acepções equivocadas ou mais abrangentes do que as condutas apregoadas. A publicidade de condutas sustentáveis e ambientais deve ser antecedida pela efetiva adoção ou formalização de tal postura por parte da empresa ou instituição. Caso a publicidade apregoe ação futura, é indispensável revelar tal condição de expectativa de ato não concretizado no momento da veiculação do anúncio. 2. VERACIDADE: As informações e alegações veiculadas deverão ser verdadeiras, passíveis de verificação e de comprovação, estimulando-se a disponibilização de informações mais detalhadas sobre as práticas apregoadas por meio de outras fontes e materiais, tais como websites, SACs (Seviços de Atendimento ao Consumidor), etc. 3. EXATIDÃO E CLAREZA: As informações veiculadas deverão ser exatas e precisas, expressas de forma clara e em linguagem compreensível, não ensejando interpretações equivocadas ou falsas conclusões. 4. COMPROVAÇÃO E FONTES: Os responsáveis pelo anúncio de que trata este Anexo deverão dispor de dados comprobatórios e de fontes externas que endossem, senão mesmo se responsabilizem pelas informações socioambientais comunicadas. 5. PERTINÊNCIA: É aconselhável que as informações socioambientais tenham relação

Formas interessantes e educativas de demonstrar o impacto ecológico dos produtos e serviços têm sido a utilização de indicadores de fácil compreensão como *pegada ecológica* e *mochila ecológica*. Basicamente, a pegada ecológica de um país, de uma cidade ou de uma pessoa corresponde ao tamanho das áreas produtivas de terra e de mar necessárias para gerar produtos, bens e serviços que sustentam seus estilos de vida. Em outras palavras, trata-se de traduzir, em hectares, a extensão de território que uma pessoa ou toda uma sociedade utiliza, em média, para se sustentar.[218]

A mochila ecológica, por sua vez, refere-se à quantidade em peso de recursos naturais utilizados para a fabricação, manutenção e uso do produto, ao longo do seu ciclo de vida.[219] Maria Alexandra Aragão cita, como exemplo, a fabricação de um automóvel. Se neste processo são gerados a produção de 15 toneladas de resíduos, este é o peso de sua "mochila", embora o peso do veículo seja muito inferior a isso.[220]

Visando à promoção do consumo sustentável, é fundamental, portanto, propiciar ao consumidor, por meio da oferta, informações que sirvam para, de maneira efetiva e não ilusória, conscientizá-lo da melhor forma de proteger o meio ambiente na hora da aquisição, do consumo e do descarte.

---

lógica com a área de atuação das empresas, e/ou com suas marcas, produtos e serviços, em seu setor de negócios e mercado. Não serão considerados pertinentes apelos que divulguem como benefício socioambiental o mero cumprimento de disposições legais e regulamentares a que o Anunciante se encontra obrigado. 6. RELEVÂNCIA: Os benefícios socioambientais comunicados deverão ser significativos em termos do impacto global que as empresas, suas marcas, produtos e serviços exercem sobre a sociedade e o meio ambiente - em todo seu processo e ciclo, desde a produção e comercialização, até o uso e descarte. 7. ABSOLUTO: Tendo em vista que não existem compensações plenas, que anulem os impactos socioambientais produzidos pelas empresas, a publicidade não comunicará promessas ou vantagens absolutas ou de superioridade imbatível. As ações de responsabilidade socioambiental não serão comunicadas como evidência suficiente da sustentabilidade geral da empresa, suas marcas, produtos e serviços." Disponível em: <http://www.conar.org.br/codigo/codigo.php>. Acesso em: 25 jun. 2015.

218. Disponível em: <http://www.wwf.org.br/natureza_brasileira/especiais/pegada_ecologica/o_que_compoe_a_pegada/>. Acesso em: 01 jun. 2015.

219. Na versão original em língua inglesa, este conceito surge como "ecological handbag".

220. ARAGÃO, Maria Alexandra de Souza. A compra responsável e a prevenção de resíduos domésticos. In: **Conferência Nacional sobre a qualidade do ambiente**, Lisboa, n. 6, v. 1, Actas. Lisboa: Universidade Nova de Lisboa, p. 1-7, 1999, p. 4.

4.3. MELHORIA DOS SERVIÇOS PÚBLICOS COMO PROMOÇÃO AO CONSUMO SUSTENTÁVEL

Os serviços públicos foram tratados pelo CDC e sofrem a incidência deste diploma. Os serviços que são passíveis de contratação e que possuem como característica a contraprestação, ou seja, o pagamento é proporcional ao consumo, são tratados pelo código consumerista.[221]

O CDC estabeleceu como objetivo da Política Nacional das Relações de Consumo *a racionalização e a melhoria dos serviços públicos* (art. 4º, VII) e elencou, dentre os direitos básicos do consumidor, *a adequada e eficaz prestação dos serviços públicos em geral* (art. 6º, X). O art. 22 ainda prescreve que as pessoas jurídicas prestadoras de serviço público, sejam de direito público, sejam de direito privado, estão submetidas às regras do Código de Defesa do Consumidor, devendo prestar serviços adequados, eficientes e seguros, estando sujeitos a reparar os danos que porventura vierem a causar aos consumidores, nos mesmos moldes do art. 14 do CDC (responsabilidade objetiva).

Pois bem. O CDC elencou como objetivo do sistema de proteção ao consumidor a *melhoria dos serviços públicos*, devendo ainda ser prestado de *maneira adequada e eficiente*.

O serviço público, quando mal prestado ou inadequado, gera problemas sociais, principalmente o aumento da

---

221. Já tivemos oportunidade de abordar a diferenciação entre os serviços públicos tutelados pelo CDC e os que estão fora da incidência deste diploma em nosso Código Comentado publicado pela Editora Juspodivm. Na oportunidade, discorremos que "não é todo serviço público que se submete às regras do CDC, mas somente aqueles realizados mediante uma contraprestação ou remuneração diretamente efetuada pelo consumidor ao fornecedor (serviços *uti singuli*), nos termos do art. 3º, § 2º, pois somente os serviços fornecidos "mediante remuneração" se enquadram no CDC. Já o serviço público realizado mediante o pagamento de tributos, prestado a toda a coletividade (serviços *uti universi*), não se submete aos preceitos consumeristas, pois aqui não há um consumidor propriamente dito e sim um contribuinte, que não efetua um pagamento direto pelo serviço prestado, mas sim um pagamento aos cofres públicos que destinam as respectivas verbas, de acordo com a previsão orçamentária, para as atividades devidas." (GARCIA, Leonardo de Medeiros. **Código de Defesa do Consumidor Comentado**: doutrina e jurisprudência. 11.ed. Salvador: Juspodivm, 2015, p. 217)

poluição. Em relação ao transporte público, por exemplo, um adequado e eficaz serviço, que abranja toda a cidade, de modo confortável e rápido, incentivará os consumidores a utilizarem esses transportes, desestimulando a utilização do transporte individual (o uso de carros em grandes cidades é o principal responsável pela poluição do ar).[222]

Assim, o serviço público de transporte tem que ser sustentável, ou seja, além dos próprios veículos (ônibus, trens, etc.) serem menos poluentes, a melhora deste serviço, principalmente em países em desenvolvimento, como é o caso do Brasil, ajudará a retirar inúmeros carros da rua, contribuindo para a melhora da qualidade do ar. Um serviço público que, nestes moldes, seja inadequado e ineficiente, contribuirá para a degradação ambiental.

Outro exemplo significativo para a promoção do consumo sustentável é a universalização do acesso à água tratada e encanada. A falta de acesso à água tratada, associada à inexistência de coleta e tratamento de esgoto, é responsável por diversas doenças como diarreia, disenteria, cólera, hepatite, esquistossomose, entre outras. Além das diversas doenças causadas, afetando sensivelmente a qualidade de vida da população, a inexistência ou deficitária coleta e tratamento do esgoto promove poluição nos rios e mares, causando fortes degradações ambientais.[223]

---

222. Na região metropolitana de São Paulo, 90% da poluição atmosférica é provocada pela emissão de gases veiculares, segundo a Companhia de Tecnologia de Saneamento Ambiental (Cetesb). Disponível em <http://www.akatu.org.br/Temas/Mobilidade/Posts/Transportes-sao-responsaveis-por-90-da-poluicao-em-SP>. Acesso em: 14 maio 2015.

223. O Decreto 5.440, de 4 de maio de 2005, institui mecanismos e instrumentos para divulgação de informação ao consumidor sobre a qualidade da água para consumo humano. No regulamento técnico (anexo do referido decreto), determina que a informação prestada ao consumidor sobre a qualidade e características físicas, químicas e microbiológicas da água para consumo humano deverá atender ao seguinte: I - ser verdadeira e comprovável; II - ser precisa, clara, correta, ostensiva e de fácil compreensão, especialmente quanto aos aspectos que impliquem situações de perda da potabilidade, de risco à saúde ou aproveitamento condicional da água; e III - ter caráter educativo, promover o consumo sustentável da água e proporcionar o entendimento da relação entre a sua qualidade e a saúde da população.

Com relação ao setor de energia, conforme nos aponta Marilena Lazzarini e Lisa Gunn, além da universalização desse serviço público, devem ser adotadas políticas que visem à utilização de fontes de energia renovável com mínimo de impacto ambiental. Assim, deveriam ser incentivadas usinas de energia eólica, energia solar e pequenas hidrelétricas, além de incentivos para que os consumidores dessem preferência ao uso de fontes alternativas de energia, como ocorre na Alemanha, em que o governo subsidia a instalação de sistemas de energia solar nos domicílios e, ainda, permite que a energia excedente seja vendida pelos consumidores à rede geral de energia.[224]

De tudo o que foi exposto, nada impede, assim, que os legitimados às ações coletivas se utilizem do CDC, conjuntamente com outros dispositivos contemplados em outras leis, para pleitear ações governamentais no sentido de promover serviços públicos melhores e mais adequados e eficientes para a população, sob o argumento da estratégia do consumo sustentável.

4.4. A PUBLICIDADE COMERCIAL E O CONSUMO SUSTENTÁVEL

Quando do estudo do desenvolvimento da sociedade de consumo, constatamos que a publicidade e o marketing foram uma das molas propulsoras deste novo momento que a sociedade estava vivendo. Por meio da publicidade, novas necessidades, gostos e anseios foram e são criados no consumidor, levando-o, muitas vezes, a um consumo supérfluo e desnecessário.

A publicidade, assim, desperta um caráter hedonista e lúdico, visando seduzir os consumidores, convencendo-os

---

224. LAZZARINI, Marilena; GUNN, Lisa. Consumo sustentável. In: BORN, Rubens Harry (Coord.). **Diálogos entre as esferas global e local**: contribuições de organizações não-governamentais e movimentos sociais brasileiros para a sustentabilidade, equidade e democracia planetária. São Paulo: Petrópolis, 2002, p.75.

no sentido da aquisição de determinados produtos ou serviços, de tal modo que a subordinação dos consumidores à capacidade persuasiva da publicidade é fato intransponível na sociedade atual.[225]

Por sua vez, conforme constatamos, a Política Nacional das Relações de Consumo (art. 4º do CDC) impõe a sustentabilidade como princípio e o consumo sustentável como objetivo a ser alcançado. Como "norma objetivo", nos dizeres de Eros Grau, todos os demais artigos do CDC devem ser interpretados visando atender aos princípios e aos objetivos da Política Nacional das Relações de Consumo, sob pena de descumprimento do próprio CDC.[226]

O CDC proíbe, expressamente, no art. 37, *caput*, a publicidade enganosa. Publicidade enganosa é conceituada no CDC, nos moldes do art. 37, §1º, como aquela inteira ou parcialmente falsa ou aquela capaz de induzir a erro o consumidor, ainda que por omissão. Nos moldes do §3º, do art. 37, a publicidade é enganosa por omissão quando deixar de informar sobre dado essencial do produto ou serviço.

Nesse sentido, toda publicidade que contenha informações falsas, ainda que parcialmente, sobre os benefícios/ malefícios ambientais dos produtos e serviços estará incidindo na proibição do *caput* do art. 37 do CDC, configurando a chamada publicidade enganosa.[227] É o que acontece, por exemplo, quando o fornecedor menciona que as propriedades de seu produto são positivas ao meio ambiente, quando, na verdade, isso não ocorre ou ocorre justamente o contrário, degradam o meio ambiente. [228]

---

225. XAVIER, José Tadeu Neves. Os limites da atuação publicitária na condução de comportamentos sociais o valor da ética no controle jurídico da publicidade. **Revista de Direito do Consumidor**, São Paulo: RT, vol. 81, p. 117-143, jan. – mar., 2012, p. 122.

226. GRAU, Eros Roberto. Interpretando o Código de Defesa do Consumidor: algumas notas. **Revista de Direito do Consumidor**, São Paulo: RT, vol. 5. p.183-189, jan. – mar., 1993, p. 189.

227. Art. 37, caput, do CDC: "É proibida toda publicidade enganosa ou abusiva."

228. Caso emblemático aconteceu com a Petrobrás. Duas campanhas publicitárias foram suspensas pelo CONAR, após pedido de uma grupo de instituições governamentais e

Conforme abordamos no tópico sobre a informação ambiental, a maquiagem verde, ao tentar passar ao consumidor uma imagem de que a empresa se preocupa com o meio ambiente, quando na verdade não possui nenhum compromisso ambiental, geralmente se configura como publicidade enganosa, ou porque a informação é falsa ou porque induz o consumidor a erro.

Também se configura como publicidade enganosa a informação que aduz qualidades ambientais dos produtos e serviços que não foram comprovadas pela ciência. Primeiro porque, se tais benefícios não forem comprovados posteriormente, a publicidade é enganosa por possuir informação falsa. Segundo porque, ainda que mais tarde a ciência comprove os benefícios ambientais, a publicidade induz a erro o consumidor, uma vez que, à época em que veiculada, o consumidor era "fisgado" por uma informação não comprovada que, aliás, poderia não ser verídica. Não sendo verídica, o produto aparentemente benéfico ao meio ambiente poderia ser, inclusive, degradante ao mesmo, ofendendo o princípio da precaução.

Com isso, não somente a informação ambiental falsa caracteriza a publicidade enganosa, mas também aquela que, mesmo contendo informações verdadeiras, induz o consumidor a erro. Vale lembrar que a análise do engano é objetiva, ou seja, independente da vontade ou da intenção do fornecedor. Não há que se averiguar má-fé do anunciante.

Também se configura publicidade enganosa a omissiva, ou seja, aquela que falta um dado essencial do produto ou serviço (art. 37, 3º do CDC), por induzir o consumidor a erro. Por dado essencial, entende a doutrina que é aquela

---

ONGs. A Petrobrás foi acusada de promover publicidades enganosas, uma vez que fez campanhas destacando suas ações de preservação do meio ambiente e, ao mesmo tempo, a empresa resistia em reduzir o teor de enxofre no diesel, fato de agravamento da poluição nos centros urbanos, afetando a saúde da população. Deste modo, os apelos publicitários de compromisso com a qualidade ambiental da Petrobrás não condiziam com os esforços para uma atuação social e ambientalmente correta.

informação que tem o condão de influenciar a decisão do consumidor.[229] É a informação ambiental que, se fosse de conhecimento do consumidor, comportar-se-ia de maneira diferente, refletindo melhor sobre as consequências de sua aquisição.

É o caso, por exemplo, do rótulo que não informa sobre as repercussões ambientais de todas as fases de produção dos produtos, mas somente de uma fase. Ou seja, todo o ciclo de vida do produto não é avaliado, sendo destacada somente uma parte, geralmente a que traz benefícios ambientais, desprezando as que trazem malefícios. Deste modo, o consumidor é induzido a erro pressupondo que todo o ciclo de vida do produto foi considerado para análise dos benefícios/malefícios ambientais.

O CDC também proíbe, expressamente, no art. 37, *caput*, a publicidade abusiva. Considera-se publicidade abusiva, de acordo com o §2º do art. 37, "*dentre outras a publicidade discriminatória de qualquer natureza, a que incite à violência, explore o medo ou a superstição, se aproveite da deficiência de julgamento e experiência da criança, desrespeita valores ambientais, ou que seja capaz de induzir o consumidor a se comportar de forma prejudicial ou perigosa à sua saúde ou segurança*".

Conforme nos aponta o parágrafo 2º do art. 37, a publicidade será abusiva sempre que desrespeitar valores ambientais. Por "desrespeito aos valores ambientais", Manoela Prado Leitão ensina que compreende "a incitação ou demonstração de conduta que instigue comportamentos danosos ao meio ambiente ou funcione no sentido inverso de uma educação do consumidor em relação à manutenção e preservação da natureza e dos ecossistemas."[230]

---

229. BENJAMIN, Antônio Herman V et. al. **Código Brasileiro de Defesa do Consumidor comentado pelos autores do anteprojeto**. 9.ed. Rio de Janeiro: Forense Universitária, 2007, p. 293.

230. LEITÃO, Manuela Prado. **Rotulagem ecológica e o direito do consumidor à informação**. Porto Alegre: Verbo Jurídico, 2012, p.119.

De maneira objetiva, conforme nos aponta Rizzatto Nunes, o parágrafo 2º do art. 37 do CDC proíbe anúncios que estimulem, direta ou indiretamente, a poluição de elementos naturais (ar, água, matas etc.), a poluição visual de cidades e cenários naturais, a poluição sonora e a depredação e o desperdício de recursos naturais.[231]

Desta forma, qualquer publicidade que incite práticas que gerarão, ainda que indireta ou tardia, efeitos maléficos ao meio ambiente, será considerada abusiva.

Com este panorama apresentado, é preciso então traçar os limites que a publicidade apresenta na interpretação do CDC. Como objetivo a nortear todo o sistema consumerista, o consumo sustentável deve ser buscado quando da utilização da técnica da publicidade. A publicidade deve ser utilizada como instrumento de oferta de certos e identificáveis produtos, sem o intuito de criar ilusões ou sonhos no consumidor.[232]

Fabiano Del Masso aponta que a comunicação publicitária, tendo como sua finalidade primordial a persuasão do consumidor para a aquisição de produtos e serviços, possui fortes vinculações éticas na sua produção, na medida em que influencia a tomada de decisões, devendo ser feita de forma respeitosa com o consumidor, que deverá decidir livremente a aquisição de qualquer bem.[233]

A publicidade produzida de forma somente a ludibriar o consumidor, manipulando comportamentos e criando um

---

231. NUNES, Rizzatto. **Curso de Direito do Consumidor**. 2. ed. São Paulo: Saraiva, 2005, p. 492.

232. No mesmo sentido aponta José Tadeu Neves Xavier. Para o autor, "encobrir o produto com uma oferta de realização de sonhos ou de estilos de vida inalcançáveis para a grande maioria da sociedade é um comportamento malicioso que deve ser expurgado da nossa realidade social." (XAVIER, José Tadeu Neves. Os limites da atuação publicitária na condução de comportamentos sociais o valor da ética no controle jurídico da publicidade. **Revista de Direito do Consumidor**, São Paulo: RT, vol. 81, p. 117-143, jan. – mar., 2012, p. 131)

233. MASSO. Fabiano Del. **Direito do consumidor e a publicidade clandestina**: uma análise jurídica da linguagem publicitária. Rio de Janeiro: Elsevier, 2009, p. 130.

mundo de sonhos e felicidade, muitas vezes inalcançáveis, não está de acordo com a promoção ao consumo sustentável, objetivo norteador do CDC.[234]

A publicidade, para que cumpra com seu papel social e respeite os limites traçados pelo próprio CDC, entre eles, o do próprio consumo sustentável, deve ser informativa sobre as qualidades e potencialidades dos produtos e serviços, auxiliando melhor o consumidor no ato de sua escolha. Nesse sentido, segundo nos aponta José Tadeu Neves Xavier, a utilização de técnicas psicológicas para estimular contratações é atuação que deve ser considerada como publicidade abusiva, uma vez que contrária a ética.[235]

A própria carta constitucional dispõe, no inciso II, do parágrafo terceiro, do artigo 220, que a lei deve estabelecer meios legais que garantam aos cidadãos a possibilidade de se defenderem da publicidade de produtos, práticas e serviços que possam ser nocivos à sua saúde e ao meio ambiente.[236] É com este escopo que o CDC deve atuar. Garantir meios legais para que o consumidor possa se defender de publicidades que violem, entre outras coisas, o meio ambiente.[237]

---

234. Antônio Herman V. Benjamin doutrina que "a publicidade, entre seus vícios, tem exatamente este, o de estimular o desperdício de recursos, o que pode mudar com a incorporação, pelo fenômeno publicitário, da ideia do consumo sustentável." (BENJAMIN, Antônio Herman V e. O controle jurídico da publicidade. **Revista de Direito do Consumidor**, São Paulo: RT, vol. 9, p. 25 – 57, jan.-mar. 1994, p. 34)

235. XAVIER, José Tadeu Neves. Os limites da atuação publicitária na condução de comportamentos sociais o valor da ética no controle jurídico da publicidade. **Revista de Direito do Consumidor**, São Paulo: RT, vol. 81, p. 117-143, jan. – mar., 2012, p. 138. No mesmo sentido da verificação ética da publicidade, aponta Cátia Rejane Saretta que "a persuasão para o consumo transmitida pelos meios de comunicação (por exemplo, a televisão) precisa ser revista e avaliada segundo os parâmetros de prudência ecológica, necessária para a sustentabilidade." (SARRETA, Cátia Rejane Liczbinski. **Meio ambiente e consumo sustentável**: Direitos e deveres do consumidor. Passo Fundo: UPF Editora, 2007, p. 133)

236. Art. 220. § 3º da CF: "Compete à lei federal: II - estabelecer os meios legais que garantam à pessoa e à família a possibilidade de se defenderem de programas ou programações de rádio e televisão que contrariem o disposto no art. 221, bem como da propaganda de produtos, práticas e serviços que possam ser nocivos à saúde e ao meio ambiente."

237. Em 2013, o STF julgou Mandado de Injunção questionando suposta omissão da regulamentação legislativa da proteção da propaganda comercial ambiental enganosa, de modo a atender aos ditames do art. 220, §3º, II, da CF/88. O Min. Gilmar Mendes negou

A interpretação, então, do art. 37, § 2º do CDC, caracterizando a publicidade como abusiva, deve ser de forma a proteger o meio ambiente não somente de forma direta (como poluição de águas e matas)[238], mas também de forma indireta, por meio da promoção ao consumo sustentável.[239] Com isso, devem ser entendidas como práticas que acarretam o desrespeito ao meio ambiente aquelas ofertas que estimulam o consumo desenfreado e irracional, que criam necessidades e expectativas desnecessárias nos consumidores e que contribuem para a manutenção de padrões insustentáveis de consumo.[240]

O dever de respeitar os *valores ambientais* é, portanto, a busca por um padrão de consumo sustentável que permita

---

seguimento ao Mandado de Injunção sobre o argumento de que já há norma federal - no caso o CDC - que viabilize o exercício dos direitos de proteção à propaganda comercial, seja ela ambiental ou de qualquer outra natureza. MI 4766, DJE 06/03/2013. Disponível em < file:///C:/Documents%20and%20Settings/Usuario/Meus%20documentos/Downloads/texto_127025226%20(1).pdf >. Acesso em: 08 jun. 2015.

238. O CONAR determinou a sustação da publicidade "Peugeot – Dirija este prazer" por entender que ela promovia um papel deseducativo para a proteção ambiental, por exibir atitude ecologicamente não-recomendável. Na publicidade, um carro tenta subir a ladeira e para compensar a falta de potência do motor, um casal nos bancos da frente começa a aliviar o peso no veículo, jogando objetos para fora da janela. A cena do comercial de TV da Peugeot foi questionada pelo diretor executivo do Conar e por mais de uma centena de consumidores, já que a prática de jogar objetos na via pública, além de ferir o Código Brasileiro de Trânsito, é contrária para a preservação do meio ambiente. (Representação 118/2007).

239. Exemplo interessante de questionamento de publicidade que incentiva um consumo antiético e, portanto, abusiva, ocorreu na ação civil pública ajuizada pelo Estado de São Paulo, por sua Procuradoria Judicial, em razão da veiculação de propaganda de um produto (o "tênis da Xuxa"), que incentivava as crianças a um comportamento nocivo: a destruição de seus tênis e sapatos, a fim de que os seus pais adquirissem o produto anunciado, que seria, no dizer da empresa, bastante superior às mercadorias destruídas. A ação foi ajuizada em face da empresa de calçados e da agência que criou a propaganda, a fim de que fosse determinado o imediato cessamento da veiculação de tal propaganda perniciosa, bem como determinada a veiculação de contrapropaganda. Antes disso, o Conar já tinha sustado a veiculação da publicidade (Representação nº 091/92).

240. O capítulo quatro da Agenda 21, documento emanado da Conferência Rio 92, prevê a necessidade da utilização da publicidade para a implantação de um consumo sustentável: "4.26. Os Governos e as organizações do setor privado devem promover a adoção de atitudes mais positivas em relação ao consumo sustentável por meio da educação, de programas de esclarecimento do público e outros meios, como *publicidade positiva de produtos e serviços* que utilizem tecnologias ambientalmente saudáveis ou estímulo a padrões sustentáveis de produção e consumo. No exame da implementação da Agenda 21 deve-se atribuir a devida consideração à apreciação do progresso feito no desenvolvimento dessas políticas e estratégias nacionais." (grifos nossos)

o atendimento das necessidades básicas do consumidor e o aproveitamento racional dos recursos, garantindo o direito constitucional a um meio ambiente ecologicamente equilibrado, nos termos do art. 225 da CF.

Outra questão que pode e deve ser abordada na relação publicidade abusiva e promoção ao consumo sustentável é a publicidade infantil.[241] Embora a temática da publicidade infantil seja extensa, o que nos interessa para fins do presente trabalho é demonstrar que o não controle da publicidade infantil tem o condão de promover práticas insustentáveis de consumo.[242]

Isso porque a criança, quando receptora da mensagem publicitária, não tem condições de avaliar, em razão de sua formação intelectual incompleta, o que é melhor para ser consumido para si e para o meio ambiente. São seduzidas mais facilmente pelas técnicas de marketing, influenciando os pais na hora das compras.[243][244]

---

241. Para uma abordagem mais ampla dos limites à publicidade infantil, conferir: MIRAGEM, Bruno. Proteção da criança e do adolescente consumidores: possibilidade de explicitação de critérios de interpretação do conceito legal de publicidade abusiva e prática abusiva em razão de ofensa a direitos da criança e do adolescente por resolução do Conselho Nacional da Criança e do Adolescente – Conanda, Parecer. **Revista de Direito do Consumidor**, São Paulo: RT, v. 23, n. 95, p. 459-495, out. 2014.

242. Por fugir à proposta deste trabalho, não aprofundaremos na temática da publicidade infantil. Somente iremos relacionar o tema com a promoção ao consumo sustentável.

243. Pesquisa da Viacom, dona das marcas de canal Nickelodeon, intitulada *"o poder da influência da criança nas decisões de compra da família"*, realizada em 11 países do mundo, dentre eles o Brasil, aponta que 51% dos pais tomam decisão de compra ouvindo a opinião dos filhos e 49% decidem juntos com as crianças. O levantamento entrevistou 15.600 pessoas entre crianças de 9 a 14 anos e pais e mães com filhos de 6 a 14 anos. Nesta pesquisa foi apontado que as crianças influenciam a compra de produtos para toda a família, mesmo quando não são voltados para o universo infanto-juvenil. É o caso da compra de automóveis - 60% das crianças declararam que a sua opinião é levada em consideração pelos pais. Disponível em: <http://exame.abril.com.br/marketing/noticias/nickelodeon-analisa-poder-de-influencia-da-crianca>. Acesso em: 01 jul. 2015.

244. No mesmo sentido, aponta Bruno Miragem que "estudos recentes demonstram a importância de crianças e adolescentes na definição dos hábitos de consumo dos adultos, tanto em relação a produtos de interesse do menor, quanto da própria família. Esse "poder" da criança e do adolescente nas decisões de compra familiar, por sua vez, contrasta com a vulnerabilidade que apresentam em relação à atuação negocial dos fornecedores no mercado, por intermédio das técnicas de marketing. Neste sentido, se os apelos de marketing são sedutores aos consumidores em geral, com maior intensidade presume-se que o sejam em relação às crianças e adolescentes. Estes se encontram em estágio

Neste viés, se para promovermos um consumo sustentável, é necessário que o consumidor aja consciente na hora de escolher os produtos e serviços, priorizando aqueles que causam menos danos ao meio ambiente e, até mesmo, optando por não consumir; a publicidade infantil, quando direcionada diretamente à criança, promove práticas insustentáveis de consumo.

A criança, em razão de sua vulnerabilidade agravada, não tem condições, entre outras coisas, de analisar se: 1) realmente precisa daquele produto; 2) o impacto desta compra no orçamento da família; 3) se o produto causa, e em que grau, danos ao meio ambiente.

Se ainda há discussões entre a doutrina consumerista e os empresários do meio de comunicação se a publicidade infantil é vedada pelo CDC, uma vez que o próprio parágrafo segundo do art. 37 também afirma ser abusiva a publicidade que *"aproveite da deficiência de julgamento e experiência da criança"*, dúvida não há que sobre o aspecto da promoção ao consumo sustentável, objetivo norteador do CDC, a publicidade infantil deve ser vedada, já que promove, como visto, práticas insustentáveis de consumo.

Uma vez constatada a publicidade enganosa ou abusiva, o CDC prevê, como sanção administrativa, a imposição de contrapropaganda (art. 56, XII; art. 60)[245]. De modo a

---

da vida em que não apenas permite que se deixem convencer com maior facilidade, em razão de uma formação intelectual incompleta, como também não possuem, em geral, o controle sobre aspectos práticos da contratação, como os valores financeiros envolvidos, os riscos e benefícios do negócio." (MIRAGEM, Bruno. **Curso de direito do consumidor**. 5. ed. São Paulo: Ed. RT, 2014, p. 125)

245. Conforme nos aponta Antônio Herman Benjamin, a expressão *contrapropaganda* é inadequada. O uso correto tecnicamente seria *contrapublicidade*. (BENJAMIN, Antônio Herman V et. al. **Código Brasileiro de Defesa do Consumidor comentado pelos autores do anteprojeto**. 9.ed. Rio de Janeiro: Forense Universitária, 2007, p. 303). Assim, para corrigir os malefícios da *publicidade* enganosa ou abusiva, o certo seria *contrapublicidade* e não *contrapropaganda*. O termo publicidade expressa o fato de tornar público (divulgar) o produto ou serviço, com o intuito de aproximar o consumidor do fornecedor, promovendo o lucro da atividade comercial. Já o termo propaganda expressa o fato de difundir uma ideia, promovendo a adesão a um dado sistema ideológico (*v.g.*, político, filosófico, religioso, econômico).

desfazer ou ao menos diminuir o malefício da publicidade enganosa ou abusiva, a contrapropaganda visa reparar a verdade da publicidade enganosa, bem como desqualificar a mensagem abusiva, devendo o responsável divulgá-la da mesma forma, frequência e dimensão e, preferencialmente, no mesmo veículo, local, espaço e horário.

Havendo, portanto, publicidade enganosa sobre qualidades ambientais dos produtos ou serviços ou abusivas, sendo aquelas que desrespeitem valores ambientais ou promovam um consumo insustentável, poderá haver a imposição de contrapropaganda de modo a desfazer ou minimizar os malefícios destas publicidades.

A *contrapropaganda ambiental* será fundamental para a proteção do meio ambiente e promoção do consumo sustentável. No caso da publicidade enganosa, em que há afirmações falsas ou capazes de induzir o consumidor a erro, a correção da falsidade ou o melhor esclarecimento do que foi veiculado servirá para que o consumidor perceba conscientemente a realidade dos fatos. Muitas empresas que se dizem, por exemplo, protetoras do meio ambiente, quando, na verdade, não apresentam compromisso com práticas sustentáveis, poderiam induzir o consumidor a comprar seus produtos, justamente por acharem que estes produtos causam menos danos ao meio ambiente.

Semelhantemente ocorre com a publicidade abusiva. Se a publicidade desrespeita valores ambientais ou incentivam um consumo insustentável, a contrapropaganda servirá para refazer ou minimizar o impacto anti-social e antiético que a publicidade abusiva promove na sociedade.

Claudia Lima Marques esclarece que a publicidade abusiva é, em resumo, a publicidade antiética.[246] Por sua vez, Édis Milaré aponta para a necessidade atual de desenvolvimento de uma ética ambiental, propondo profunda revisão nos valores da

---

246. MARQUES, Claudia Lima. **Contratos no Código de Defesa do Consumidor**: o novo regime das relações contratuais. 5.ed. São Paulo: Ed. RT, 2005, p. 808.

Capítulo 4 • O CONSUMO SUSTENTÁVEL NO CÓDIGO DE DEFESA DO CONSUMIDOR **137**

sociedade, com vistas à proteção do meio ambiente.[247] Trata-se de uma mudança de conceitos e paradigmas, uma vez que é perceptível que a sobrevivência da própria espécie humana depende de uma urgente reavaliação do relacionamento entre o ser humano e o meio ambiente que o cerca.

Assim, tendo em vista a imposição de novas normas de conduta que visam à proteção do meio ambiente, a ética ambiental deve permear a criação de toda publicidade, reforçando novos valores da sociedade para a adoção de práticas mais sustentáveis e menos agressiva ao meio ambiente, sob pena de ser considerada abusiva e, portanto, sujeita à imposição de contrapropaganda.[248]

4.5. AS NORMAS TÉCNICAS AMBIENTAIS

Prescreve o CDC, no art. 39, III, como prática abusiva, *"colocar, no mercado de consumo, qualquer produto ou serviço em desacordo com as normas expedidas pelos órgãos oficiais competentes ou, se normas específicas não existirem, pela Associação Brasileira de Normas Técnicas ou outra entidade*

---

247. Nesse sentido, aponta que "nos últimos anos, o Direito e a Questão Ambiental defrontaram-se de maneira explícita. A realidade viva e mutante deste Planeta requereu e impôs novas normas de conduta aos indivíduos e à sociedade: é assim que entendemos o surgimento do Direito do Ambiente, ramo ainda novo na velha cepa das Ciências Jurídicas. O mesmo sucede com a Moral ou a Ética em relação a essa nova ordem planetária. Os requerimentos ambientais alcançam também o comportamento humano em face do mundo natural e seus recursos, assim como do mundo dos homens e suas próprias realizações, pois a presença da família humana é fator determinante do estado e da saúde da Terra. Em uma palavra, constrói-se uma "nova moralidade" dos indivíduos e da sociedade humana, perante a nossa "casa comum". (MILARÉ, Edis. **Direito do Ambiente**. 4.ed. São Paulo: RT, 2005, p.106)

248. Na publicidade do tênis da XUXA que incitava crianças a destruírem seus calçados para comprar o anunciado pela apresentadora, a ação civil pública promovida pelo Estado de São Paulo foi julgada pelo Tribunal de Justiça de São Paulo. A publicidade foi considerada abusiva, porém não houve a imposição de contrapropaganda, uma vez que a ação foi julgada muito tempo depois da veiculação da publicidade. Veja a ementa: "AÇÃO CIVIL PÚBLICA - Publicidade abusiva - Propaganda de tênis veiculada pela TV - Utilização da empatia da apresentadora - Induzimento das crianças a adotarem o comportamento da apresentadora destruindo tênis usados para que seus pais comprassem novos, da marca sugerida - Ofensa ao artigo 37, § 2º do CDC - Sentença condenatória proibindo a veiculação e impondo encargo de contrapropaganda e multa pelo descumprimento da condenação - Contrapropaganda que se tornou inócua ante o tempo já decorrido desde a suspensão da mensagem - Recurso provido parcialmente." (TJSP, Apelação Cível n. 241.337-1 - São Paulo - 3ª Câmara de Direito Público - Relator: Ribeiro Machado - 30.04.96)

credenciada pelo Conselho Nacional de Metrologia, Normalização e Qualidade Industrial (Conmetro)".

Desta forma, existindo norma técnica expedida por qualquer órgão público ou entidade privada credenciada pelo Conmetro, deve o fornecedor respeitá-la. Conforme nos ensina Herman Benjamin, os critérios fixados nas normatizações estabelecem padrões mínimos a serem observados pelos fornecedores. Isso porque os padrões estabelecidos, muitas vezes, não refletem as expectativas e as necessidades dos consumidores, mas sim os objetivos econômicos de um determinado setor produtivo.[249]

Como patamar mínimo de proteção ao consumidor e ao meio ambiente, toda prática que estiver em desacordo com uma norma técnica, será considerada abusiva. Como instrumentos de padronização de qualidade dos produtos e serviços, as diretrizes são consideradas pisos mínimos a serem seguidos pelos fornecedores.

Visando à proteção ambiental por meio da produção e do consumo sustentável, deve-se mencionar a normatização internacional elaborada e proposta pela *ISO - Internacional Organization for Standardization,* que desenvolveu uma série de normas de gerenciamento ambiental denominadas de ISO 14.000 para serem usadas por empresas e outras entidades na formulação de uma política ambiental.[250,251]

---

249. BENJAMIN, Antônio Herman V et. al. **Código Brasileiro de Defesa do Consumidor comentado pelos autores do anteprojeto.** 9.ed. Rio de Janeiro: Forense Universitária, 2007, p. 386.

250. A *International Organization for Standardization* (ISO) é uma instituição sediada em Genebra e fundada em 1946 para simplificar a troca de produtos e serviços por todo o mundo. Constitui uma entidade de institutos nacionais de padronização em torno de 170 países. Cada nação é representada na estrutura da ISO por uma organização nacional. No Brasil, a ISO é representada pela ABNT (Associação Brasileira de Normas Técnicas). Além da participação da ABNT, o Instituto Nacional de Metrologia, Normalização e Qualidade Industrial (Inmetro) tem um papel destacado. O Inmetro é uma agência pública (agência executiva) vinculada ao Ministério do Desenvolvimento, Indústria e Comércio Exterior (MDIC). O Inmetro coordena o Sistema Nacional de Credenciamento para a Certificação ISO 14001. Nesse sentido, conferir: ROCHA, Julio Cesar de Sá da. ISO 14001 e proteção ambiental. **Revista de Direito Ambiental,** São Paulo: RT, vol. 30, p. 113-126, abr.–jun., 2003, p. 113-116.

251. A ISO 14000 é o nome dado a uma família de normas. A ISO 14001 pertence a essa família e dispõe sobre as diretrizes básicas de um sistema de gestão ambiental. Para a maior parte das empresas, obter a certificação da ISO 14001 é suficiente para demonstrar o

Dentre estas normas de gestão ambiental, temos a ISO 14020, que dispõe sobre rotulagem ambiental. A NBR ISO 14020 da ABNT estabelece nove princípios aplicáveis a qualquer tipo de rotulagem ou declaração ambiental cujo objetivo final é assegurar correção técnica, transparência, credibilidade e transparência ambiental.[252]

Deste modo, a rotulagem ambiental nos produtos deve observar os princípios e patamares inseridos nas normas técnicas, sob pena de serem consideradas abusivas, porque ofensivas e prejudiciais ao consumidor e/ou ao meio ambiente.

4.6. NULIDADE DE CLÁUSULAS QUE VIOLEM NORMAS AMBIENTAIS

O art. 51 do CDC enumera, de maneira exemplificativa, um rol de cláusulas abusivas, consideradas nulas de pleno direito.

Como já abordado, o direito ao meio ambiente é bem jurídico tutelado pelo art. 225 da Constituição Federal, sendo

---

comprometimento com práticas sustentáveis e mesmo exportar para o exterior. Vale a pena lembrar que não existe certificação para a ISO 14000, que agrupa conceitos e diretrizes relativos a políticas ambientais sustentáveis. Disponível em < http://certifica-caoiso.com.br/iso-14001/>. Acesso em: 15 jun. 2015.

252. Os princípios são: "1) Rótulos e declarações ambientais devem ser precisos, verificáveis, relevantes e não enganosos; 2) Procedimentos e requisitos para rótulos e declarações ambientais não devem ser elaborados, adotados ou aplicados com intenção de, ou efeito de, criar obstáculos desnecessários ao comércio internacional; 3) Rótulos e declarações ambientais devem basear-se em metodologia científica que seja suficientemente cabal e abrangente para dar suporte às afirmações, e que produza resultados precisos e reprodu-zíveis; 4) As informações referentes aos procedimentos, metodologias e quaisquer critérios usados para dar suporte a rótulos e declarações ambientais devem estar disponíveis e ser fornecidas a todas as partes interessadas sempre que solicitadas; 5) O desenvolvimento de rótulos e declarações ambientais deverá considerar todos os aspectos relevantes do ciclo de vida do produto; 6) Os rótulos e declarações ambientais não devem inibir ino-vações que mantenham ou tenham o potencial de melhorar o desempenho ambiental; 7) Quaisquer requisitos administrativos ou demandas de informações relacionadas a rótulos e declarações ambientais devem ser limitados àqueles necessários para esta-belecer a conformidade com os critérios e normas aplicáveis dos rótulos e declarações ambientais; 8) Convém que o processo de desenvolvimento de rótulos e declarações ambientais inclua uma consulta participatória e aberta às partes interessadas. Convém que sejam feitos esforços razoáveis para chegar a um consenso no decorrer do processo; 9) As informações sobre aspectos ambientais dos produtos e serviços relevantes a um rótulo ou declaração ambiental devem ser disponibilizadas aos compradores e potenciais compradores junto à parte que faz o rótulo ou declaração ambiental."

dever de toda a coletividade sua preservação. Em razão da forte aproximação existente entre a defesa do consumidor e a defesa ambiental e a necessidade de sua compatibilização, tendo em vista o art. 170 da Constituição Federal, salutar o CDC prever que toda cláusula que tenha potencialidade de ofensa ao meio ambiente seja considerada abusiva.[253]

É o que está disposto no art. 51, inciso XIV do CDC, ao prescrever que são nulas de pleno direito, entre outras, as cláusulas contratuais relativas ao fornecimento de produtos e serviços que «*XIV – infrinjam ou possibilitem a violação de normas ambientais*".

As normas podem ser divididas em regras e princípios. Tanto as regras quanto os princípios têm força normativa. Assim, quando se trata do binômio regras e princípios, está-se diante de duas espécies de normas.[254] Desta forma, quando um contrato prevê uma cláusula que viole um princípio (espécie), está também violando uma norma (gênero).

O contrato de consumo, então, não poderá conter cláusulas que incentivem ou promovam um consumo insustentável, uma vez que estará violando, entre outros princípios, o da sustentabilidade. Constatada tal violação, tal cláusula deve ser considerada nula de pleno direito, nos moldes do *caput* do art. 51 do CDC.

Como exemplo, podemos citar um contrato que imponha ao consumidor, para que haja a contratação, a compra

---

253. Sobre a relação consumidor e ambiente, válidas são as observações de Antônio Pinto Monteiro: "Que tem o consumidor a ver com o ambiente? Muito, afinal, como se verifica. A matriz dos problemas é comum, radica, em último termo, numa sociedade pautada por um crescimento vertiginoso e pela automatização, produção em série e distribuição massificada de bens e serviços. Uma sociedade em que a concorrência desenfreada leva a uma procura incessante de redução de custos em ordem a tornar as empresas mais competitivas, quantas vezes, afinal, à custa do sacrifício de bens e valores ambientais imprescindíveis. Uma sociedade que acaba por pôr em causa, paradoxalmente, o bem estar e a qualidade de vida que pretende alcançar. Ambos, consumidor e ambiente, são, assim, vítimas da mesma sociedade de consumo e de risco e ambos reclamam, para sua defesa, como já disse, a definição de uma política adequada e que actue eficazmente." (MONTEIRO, Antônio Pinto. O papel dos consumidores na política ambiental. **Revista de Direito Ambiental**, São Paulo: RT, vol. 11. p. 69-74, jul.-set., 1998, p. 69)

254. ALEXY, Robert. **Teoria dos direitos fundamentais**. São Paulo: Malheiros, 2008, p. 87.

de determinada quantidade de produtos, principalmente quando supérfluos no cotidiano do consumidor e/ou potencialmente poluentes ao meio ambiente. O próprio artigo 39, inciso I, do CDC, já considera como prática abusiva o condicionamento de fornecimento de produto ou serviços a limites quantitativos, *sem justa causa*. Com o viés do consumo sustentável, a análise da *justa causa* ganha contornos mais amplos, uma vez que uma cláusula que estimule ou imponha a aquisição desnecessária de produtos e/ou serviços, estará sendo contrária à proteção do planeta.

Por sua vez, a análise da justa causa, muitas vezes, é feita puramente sobre o viés econômico. Analisa-se, principalmente, se há razoabilidade econômica em condicionar a contratação a limites quantitativos. Neste sentido, houve no STJ uma discussão sobre a legalidade da cobrança da tarifa básica de água, ainda que o consumidor não tivesse utilizado a quantidade proporcional cobrada do serviço.

Em outras palavras, haveria um consumo mínimo presumido por cada consumidor. Deste modo, com a cobrança da tarifa básica de água, há imposição de quantidade mínima a ser consumida para que o consumidor usufrua do serviço.[255]

Em tempos de escassez de recursos hídricos e de necessidade de proteção do planeta, a cobrança da tarifa básica da água torna-se inadmissível. Como o consumidor pagará pelo valor da tarifa básica de qualquer forma, há um desestímulo para que não economize este limite. Mesmo que não precise utilizar a quantidade imposta, não terá incentivo para

---

255. A justificativa para a cobrança da tarifa mínima (ou básica) de água foi econômico-financeira. Veja o precedente do STJ: "Administrativo. Preço público. Distribuição de água. Tarifa mínima. O preço público tem natureza diversa do preço privado, podendo servir para a implementação de políticas governamentais no âmbito social. Nesse regime, a tarifa mínima, a um tempo, favorece os usuários mais pobres, que podem consumir expressivo volume de água a preços menores, *e garante a viabilidade econômico-financeira do sistema, pelo ingresso indiscriminado dessa receita prefixada, independentemente de o consumo ter, ou não, atingido o limite autorizado.* Recurso Especial não conhecido. (REsp 20.741/DF, Rel. Ministro Ari Pargendler, Segunda Turma, julgado em 09/05/1996, DJ 03/06/1996) (grifos nossos).

economizar no uso (até o limite mínimo), já que pagará a tarifa mínima de qualquer forma.

Interpretando o contrato de prestação de serviços de água de modo a promover um consumo sustentável, talvez o STJ possa rever este entendimento.

Capítulo 5

O CONSUMO SUSTENTÁVEL NAS ALTERAÇÕES DO CÓDIGO DE DEFESA DO CONSUMIDOR

O Código de Defesa do Consumidor foi editado em 11 de setembro de 1990 em regulamentação ao art. 5º, XXXII, da Constituição Federal de 1988, que impõe ao Estado o dever de promover a defesa do consumidor e, em razão do art. 48 da ADCT, que impunha ao Congresso o dever de elaborar o código em até 180 dias da promulgação da Constituição.

Embora o CDC seja considerado pela comunidade jurídica como uma das normas mais avançadas do mundo no tocante à defesa do consumidor, foi identificada a necessidade de sua atualização para a incorporação de temas específicos que não foram disciplinados no início da década de 1990, porque simplesmente não eram problemas reais que existiam à época.

Foi constituída, portanto, por ato do Senado Federal em 2010[256], comissão de juristas especializados em direito do consumidor para realização de estudos e elaboração de projetos de leis.

Em 2012, após a conclusão dos trabalhos da comissão de juristas, foram apresentadas ao Congresso Nacional três (03) propostas legislativas objetivando a disciplina do comércio eletrônico, superendividamento e aprimoramento das ações coletivas.

---

256. Ato do presidente nº 308, de 2010, publicado no BAP 4596, de 02/12/2010.

Os três anteprojetos foram transformados nos projetos de lei do Senado: PLS 281/2012 (comércio eletrônico); PLS 282/2012 (ações coletivas) e PLS 283/2012 (superendividamento).

A relatoria dos três PLS no Senado Federal ficou a cargo do Senador Ricardo Ferraço. Além dos três temas tratados pela comissão de juristas, o Senador Ricardo Ferraço incluiu outros cinco temas relevantes no relatório final apresentado à Comissão Especial no Senado Federal, por sugestão de sua equipe de assessores[257]: publicidade infantil, consumo sustentável, passagens aéreas, fortalecimento dos procons e normas sobre contratos de consumo internacional.[258]

Na audiência pública realizada no Senado Federal, visando debater a necessidade de legislar sobre o consumo sustentável no CDC, foi convidado o professor da PUC/SP Marcelo Gomes Sodré que, na oportunidade, não somente reforçou a importância do tema, como apresentou propostas de artigos a serem inseridos nos PLS's.

Boa parte dos textos sugeridos pelo professor Marcelo Sodré foi incorporado pelo Senador Ricardo Ferraço, constando a temática do consumo sustentável, de maneira expressa, nos textos dos projetos de lei, de modo a atender os ditames da Resolução 39/248 da ONU.

No relatório final apresentado e aprovado pela Comissão Especial do Senado, o tema do consumo sustentável foi inserido em vários artigos do CDC, de modo a atender a todos os aspectos da proteção do meio ambiente.

Inicialmente, pela importância que o artigo 4° do CDC desempenha no sistema de proteção ao consumidor[259], uma vez que prevê os objetivos a serem perseguidos, bem como os princípios que irão guiar a aplicação da lei, foi inserida a

---

257. A equipe foi formada por mim e pelos Promotores de Justiça do Estado do Espírito Santo, Sandra Lengruber e Alexandre Coura.

258. Este último, visando alterar a lei de introdução às normas do Direito Brasileiro (Decreto-Lei n°4.657 de 4 de setembro de 1942), foi sugerido pela Profa. Cláudia Lima Marques, conjuntamente com a Profa. Nádia Araújo.

259. Sobre a importância do artigo 4°, remetemos ao estudo neste trabalho sobre o CDC como lei principiológica.

"proteção do meio ambiente" expressamente em seu *caput*, como objetivo da Política Nacional das Relações de Consumo (PNRC).[260]

Como princípio da PNRC, foi inserido o indicativo para que ações governamentais protejam os consumidores por meio do incentivo a padrões de produção e de consumo sustentáveis. O governo deve estimular, através de vários meios, a produção sustentável pelas empresas, bem como o consumo sustentável por parte dos consumidores, empresas e do próprio poder público, de forma a proteger o meio ambiente.[261,262]

Ainda como princípio da PNRC, foi inserido para todos os agentes do mercado o dever de promover padrões de produção e consumo sustentáveis, de modo a atender as necessidades das atuais gerações, permitindo melhores condições de vida, sem comprometer a qualidade ambiental e o atendimento das necessidades das gerações futuras.[263,264]

Finalmente como princípio da PNRC, foi inserido o incentivo à educação ambiental dos consumidores.[265,266]

---

260. O texto aprovado no PLS 281 ficou assim: "Art. 4°. A Política Nacional das Relações de Consumo tem por objetivo o atendimento das necessidades dos consumidores, o respeito à sua dignidade, saúde e segurança, a proteção de seus interesses econômicos, a melhoria da sua qualidade de vida, *a proteção do meio ambiente*, bem como a transparência e harmonia das relações de consumo, atendidos os seguintes princípios:" *(grifos nossos)*

261. O texto aprovado no PLS 281 ficou assim: "Art. 4°. II – ação governamental no sentido de proteger efetivamente o consumidor: e) pelo incentivo a padrões de produção e consumo sustentáveis".

262. Norma semelhante consta do PLANDEC (Plano Nacional de Consumo e Cidadania – Decreto n° 7.963 de 15 de março de 2013), estabelecendo como objetivo do PLANDEC "promover o acesso a padrões de produção e consumo sustentáveis".

263. O texto aprovado no PLS 281 ficou assim: "Art. 4, IX – promoção de padrões de produção e consumo sustentáveis, com a produção e o consumo de bens e serviços de forma a atender as necessidades das atuais gerações, permitindo melhores condições de vida, sem comprometer a qualidade ambiental e o atendimento das necessidades das gerações futuras".

264. Do mesmo modo, o art. 3° da Política Nacional de Resíduos Sólidos (Lei 12.305/2010), inciso XIII define padrões sustentáveis de produção e consumo como "produção e consumo de bens e serviços de forma a atender as necessidades das atuais gerações e permitir melhores condições de vida, sem comprometer a qualidade ambiental e o atendimento das necessidades das gerações futuras".

265. O texto aprovado no PLS 283 ficou assim: "Art. 4°, IX – o fomento de ações visando à educação financeira e ambiental dos consumidores".

266. Sobre a importância da promoção à educação dos consumidores visando à proteção ambiental, remetemos ao estudo neste trabalho sobre o princípio da informação ambiental ao consumidor.

Como direito básico do consumidor, foi inserido o direito à informação ambiental verdadeira e útil, atendidos os requisitos da Política Nacional de Resíduos Sólidos.[267,268]

No tocante à proteção à saúde e à segurança do consumidor (seção I do capítulo IV do CDC), foi inserido dispositivo visando incorporar aos riscos tratados na norma consumerista, de forma expressa, os riscos ambientais (riscos de danos ao meio ambiente causado por produtos e serviços), inclusive com a previsão, também expressa, da aplicação do princípio da precaução para os riscos de danos ao consumidor e ao meio-ambiente.[269,270]

Corroborando com a aplicação do princípio da precaução no CDC, foi inserida ainda, como prática abusiva, no rol do art. 39, a oferta de produto ou de serviço com potencial de impacto ambiental negativo, sem tomar as devidas medidas preventivas e precautórias.[271]

Por fim, considerando o texto aprovado na Comissão Especial do Senado, foi inserido como agravante dos crimes tipificados no CDC, a ocorrência de grave dano ambiental.[272]

Um aspecto interessante que foi incluído no primeiro relatório apresentado pelo Senador Ricardo Ferraço, no dia 17 de novembro de 2013, mas que infelizmente não constou nas demais versões, foi a sugestão por mim apresentada de

---

267. O texto aprovado no PLS 281 ficou assim: "Art. 6º, XIII - a informação ambiental veraz e útil, observados os requisitos da Política Nacional de Resíduos Sólidos (Lei nº 12.305, de 2 de agosto de 2010)".

268. Sobre a importância da adequada, veraz e útil informação ambiental ao consumidor, remetemos ao estudo, neste trabalho, sobre o princípio da informação ambiental ao consumidor.

269. O texto aprovado no PLS 281 ficou assim: "Art. 10 – A. As regras preventivas e precatórias dos artigos 8º, 9º e 10 deste código aplicam-se aos riscos provenientes de impactos ambientais decorrentes de produtos e serviços colocados no mercado de consumo".

270. Sobre a aplicação do CDC atual para os riscos ambientais, bem como a aplicação do princípio da precaução para as normas de consumo, remetemos ao estudo neste trabalho sobre o princípio da informação ambiental ao consumidor.

271. O texto aprovado no PLS 281 ficou assim: "Art. 39, XIV – ofertar produto ou serviço com potencial de impacto ambiental negativo, sem tomar as devidas medidas preventivas e precatórias".

272. O texto aprovado no PLS 281 ficou assim: "Art. 76. São circunstâncias agravantes dos crimes tipificados neste código: [...] VI – ocasionarem graves danos ao meio ambiente".

Capítulo 5 · O CONSUMO SUSTENTÁVEL NAS ALTERAÇÕES DO CÓDIGO DE DEFESA... **147**

constar a necessidade expressa de informar a vida útil de produtos e de serviços.

A sugestão constava como proposta de alteração do artigo 26 do CDC, para incluir um parágrafo 5º, no qual deveria o fornecedor informar a vida útil de produtos e de serviços para fins de aplicação deste artigo e do artigo 50 (que prevê a garantia contratual).

A proposta de alteração do art. 26 foi a seguinte:

> Art. 26, § 5º Para efeito deste artigo e do art. 50, será considerado, dentre outros critérios, o tempo de vida útil do produto ou serviço, a ser informado pelo fornecedor.

A justificativa para a alteração do art. 26, constante do relatório, foi a seguinte:

> Muitas reclamações e conflitos nos PROCONs poderiam ser evitados se a vida útil dos produtos fosse informada e considerada como parâmetro para a responsabilidade do fornecedor de produtos e serviços. Conforme observado e sugerido por Leonardo de Medeiros Garcia (Direito do Consumidor: Código Comentado e Jurisprudência, Ed. Juspodivm, 9.ed, 2013) como o fornecedor responde pelos vícios ocultos durante o período de vida útil do produto, será fundamental que o fornecedor informe expressamente qual o período de vida útil de cada produto nos rótulos ou manuais. Esta informação é de extrema importância não somente para bem informar o consumidor sobre o prazo que dispõe para reclamar nos aparecimentos dos vícios ocultos, mas também serve para melhor orientar o consumidor na hora da compra. Entre dois produtos similares, o prazo de vida útil informado pode ser um ingrediente importante para a tomada de decisão sobre qual produto a ser adquirido. Produtos mais duráveis certamente serão mais atraentes para o consumidor do que os que rapidamente se deterioram. É sabido que os produtos atualmente são fabricados para terem durabilidade limitada, de modo a incentivar o consumidor a adquirir novos produtos

em curto espaço de tempo. Ou seja, a indústria hoje trabalha com o conceito de obsolescência (tornar-se obsoleto) de forma programada (obsolescência programada). Assim, ao incentivar que se informe, se possível, a vida útil do produto, estaremos incentivando um consumo sustentável, uma vez que o consumidor poderá optar pelo produto mais duradouro, evitando a troca prematura bem como o acúmulo de resíduos que serão naturalmente descartados no meio ambiente.[273]

Conforme consta na justificação da proposta de alteração, a informação do tempo de vida útil dos produtos e serviços seria uma ferramenta importante para a promoção ao consumo sustentável e decorre do direito de informação (ambiental) do consumidor.

Uma vez que a durabilidade passa a ser critério para se determinar qual produto o consumidor poderá optar, a informação adequada do tempo de vida útil ajudará a promover uma compra mais consciente e que agrida menos ao meio ambiente.

Manuela Prado Leitão também aponta a necessidade de constar no rótulo dos produtos os dados sobre a durabilidade dos mesmos (em ciclos, meses ou anos), sustentando que "a exposição da informação referente ao tempo de vida útil do produto, *e.g.*, acirrará a concorrência à medida que o consumidor busque no mercado produtos que, além de ostentarem menor preço, tenham longa duração antes de sua substituição."[274,275]

---

273. Disponível em < http://www.senado.gov.br/atividade/materia/getPDF.asp?t=141522&tp=1>. Acesso em: 26 jun. 2015.

274. LEITÃO, Manuela Prado. **Rotulagem Ecológica e o Direito do Consumidor à informação**. Porto Alegre: Verbo Jurídico, 2012, p. 176-177.

275. Cátia Rejane Liczbinski Sarreta aponta para a necessidade de os fornecedores produzirem produtos mais duráveis como um modo de proteger o meio ambiente. Enfatiza que "como a economia global está baseada na venda dos bens, é necessário combater a obsolescência e a substituição freqüente de bens, pois prejudicam o meio ambiente e custam caro para os consumidores. Necessita-se, então, de uma economia baseada na criação de produtos duráveis, de interesse de fabricantes e consumidores, mas que usem o mínimo de energia e materiais." (SARRETA, Cátia Rejane Liczbinski. **Meio ambiente e consumo sustentável**: Direitos e deveres do consumidor. Passo Fundo: UPF Editora, 2007, p.127).

CONCLUSÃO

Vivemos em uma sociedade de consumo que nos impõe a necessidade de consumirmos produtos e serviços desnecessários para a nossa rotina de vida.

Somos induzidos, como ideal imaginário de felicidade, a sensações e emoções de que o consumo nos fará sentir bem. O fato de estarmos inseridos nesta sociedade, já nos faz parte integrante desse sistema (de consumo!), ainda que, conscientemente, não percebamos tal fato.

Enquanto nos países desenvolvidos a sociedade de consumo foi desenvolvida durante séculos, permitindo a absorção de todas as mudanças e imposições que o mercado exige, possibilitando desenvolver, ainda que de forma mitigada, uma visão crítica de todo o processo, no Brasil, sofremos um desenvolvimento relâmpago da sociedade de consumo (em pouco mais de 30 anos), em razão da abrupta industrialização e do uso agressivo dos meios de marketing.

Não bastasse, boa parte destes 30 anos estivemos no período da ditadura militar, sob forte repressão cultural e das liberdades individuais, o que sufocou e retardou a visão crítica da sociedade sobre este novo e impactante momento que a sociedade (de consumo) vivia no país.

Paralelamente a tudo isso, os recursos naturais do nosso planeta estão se esgotando. Nunca foi tão sentido por todos como a degradação do meio ambiente tem afetado a qualidade de vida da população, por meio do aumento da poluição, da diminuição dos recursos hídricos, do aumento do preço de determinados produtos em razão da escassez de matérias primas, das alterações climáticas bruscas, etc.

Isso sem contar a constante sensação da ocorrência, a qualquer momento, de desastres ambientais que podem colocar fim a nossa geração ou piorar substancialmente a qualidade de vida da humanidade.

Se o estilo de vida imposto pela sociedade de consumo tem sido uma das causas das crises ambientais, um novo modelo (padrão) se impõe para que o pior seja evitado. Há necessidade de uma nova consciência frente aos riscos a que estamos expostos.

A ECO-92 foi um marco na constatação de que os modos de vida do planeta precisavam ser alterados, devendo buscar novos métodos e valores que compatibilizem o desenvolvimento com a proteção ambiental.

A atuação conjunta do governo, fornecedores e consumidores podem fazer a diferença neste cenário que se almeja: promoção de consumo que se apresente de modo sustentável, ou seja, que não degrade ou degrade menos o meio ambiente, permitindo a preservação e a melhora da qualidade de vida das presentes e das futuras gerações.

Neste contexto, em 1999, as Nações Unidas aprovaram a inclusão do consumo sustentável nas diretrizes para a proteção dos consumidores, indicando a necessidade do tratamento desta temática pelas legislações internas dos países. Afinal de contas, a preservação ambiental depende da conjugação de esforços de todos os países.

O Código de Defesa do Consumidor, norma principiológica e instituída como exigência constitucional do Estado de promover a defesa do consumidor, nos termos do art. 5º, XXXII da Constituição Federal, possui como fundamento o princípio da dignidade da pessoa humana (art. 1º da CF).

A defesa do consumidor deve promover, entre outras coisas, a melhora da qualidade de vida da sociedade. É o que dispõe um dos objetivos da Política Nacional das Relações de Consumo (PNRC) instituída pelo CDC.

A melhora da qualidade de vida do consumidor somente será alcançada quando a sociedade conseguir preservar o meio ambiente em que vive. Neste sentido é que a Constituição Federal impõe a compatibilização da proteção ambiental e da proteção do consumidor como princípios informadores da atividade econômica previstos no art. 170 da CF.

É inconcebível pensar em qualidade de vida quando as nascentes dos rios estão secando; recursos minerais estão se esgotando; doenças estão aumentando em razão da poluição causada pelo descarte indevido dos produtos, etc.

O CDC, no contexto da proteção do consumidor e também da proteção ambiental, pode e deve ser utilizado como norma que promove o consumo sustentável. Saber como foi formada a sociedade de consumo no mundo e, principalmente, no Brasil, ajudará a interpretarmos corretamente os dispositivos do CDC na busca da proteção ambiental.

Entender que nossa sociedade não teve condições de formar consciência crítica sobre a evolução da sociedade de consumo será importante para priorizarmos a educação (ambiental) e a informação (ambiental). Como visto durante o presente trabalho, uma das ferramentas essenciais para a promoção do consumo sustentável será a conscientização dos consumidores sobre a necessidade de proteger o meio ambiente em que se vive.

Afora os momentos expressos em que o CDC demonstra a preocupação com o meio ambiente (*v.g.* arts. 37, § 2º, e 51, inciso XIV), outros também poderão ser utilizados, por meio da interpretação constitucional do princípio da dignidade da pessoa humana, da compatibilização dos princípios informadores da ordem econômica (art. 170 da CF) e também da adoção pelo CDC do princípio da sustentabilidade e do consumo sustentável como objetivo a ser perseguido.

Assim é que além da adoção do princípio da sustentabilidade e do consumo sustentável como objetivo da PNRC – ao prever a melhoria da qualidade do consumidor como fim a ser perseguido – o artigo 4º tratou da vulnerabilidade (ambiental) do consumidor, desprovido e carente de informações sobre os impactos ambientais do consumo, merecendo toda proteção e atenção com o intuito de amenizar este desequilíbrio.

Tal vulnerabilidade somente será mitigada e amenizada por meio do princípio da informação ambiental do consumidor, ou seja, sendo educado, conscientizado e informado sobre os benefícios e malefícios ambientais dos produtos e serviços.

Como visto, não somente a informação é importante. Antes disso, porém, é necessária a educação ambiental, promovendo nova mentalidade na sociedade sobre a preservação ambiental. Educar primeiro e informar depois. Somente o consumidor consciente poderá fazer uso correto e eficiente das informações ambientais. Tal direito (de ser informado e educado) é contemplado em vários dispositivos do CDC, como os artigos 4º, IV; 6º, II e III; 31, *caput*.

Também os riscos ambientais estão dispostos no CDC. Toda a sistemática dos artigos 8º ao 10, ao prever a proteção contra a saúde e segurança do consumidor, poderá ser aplicada para a prevenção dos riscos que produtos e serviços possam vir a causa ao meio ambiente. Afinal, o dano causado ao meio ambiente afeta indiretamente a saúde do consumidor e sua qualidade de vida.

O tratamento dos serviços públicos pelo CDC pode e deve ser utilizado para a promoção da preservação ambiental. O CDC é expresso ao contemplar como objetivo da PNRC a racionalização e melhoria de tais serviços, devendo ainda serem prestados de maneira adequada e eficiente, nos moldes do art. 22, *caput*. Assim, serviços públicos eficientes que gastem menos energia; que forneçam transporte público de qualidade, retirando inúmeros carros e motos das ruas; que promova a universalização do acesso a água tratada e encanada, evitando doenças e poluição, estão dentre os fins a serem perseguidos pelo CDC.

A publicidade comercial e os princípios contemplados no CDC, como o de não enganosidade e de não abusividade, devem ajudar no contexto da preservação ambiental. A publicidade, além de ser verídica e de não induzir o consumidor a erro sobre as qualidades ambientais dos produtos e serviços, não poderá ser abusiva, violando valores ambientais, incentivando os consumidores a se comportarem de maneira contrária a preservação da natureza.

A publicidade também deverá ser ética, não induzindo o consumidor ao consumismo desenfreado, como solução para as mazelas do dia a dia. Mas, ao contrário, a publicidade deve promover uma conscientização ecológica na divulgação dos produtos e serviços, incentivando o consumo consciente e responsável.

As normas técnicas, segundo o CDC (art. 39, III), quando expedidas pelos órgãos oficiais competentes ou pela entidade credenciada pelo Conmetro, deverão ser respeitadas pelos fornecedores, sob pena de atuação abusiva no mercado de consumo. Atualmente, temos várias normas técnicas ambientais que regulamentam aspectos voltados para sustentabilidade e preservação do meio ambiente. Sendo assim, as normas técnicas ambientais deverão, nos moldes do CDC, serem de observação obrigatória para os produtos e serviços colocados no mercado de consumo.

Por fim, nas cláusulas dos contratos de consumo, deve ser considerado o contexto ambiental. De maneira expressa, o CDC considera abusivas as cláusulas que infrinjam ou possibilitem a violação de normas ambientais (art. 51, XIV). Deste modo, qualquer cláusula contratual que venha a violar regra (lei, decreto, etc.) ou até mesmo princípio ambiental, será considerada abusiva de pleno direito.

Como visto, o CDC contém inúmeros dispositivos que podem e devem ser utilizados na preservação ambiental através da promoção ao consumo sustentável. Porém, embora o CDC atual possa ser utilizado para a proteção ambiental e, portanto, para a promoção de práticas sustentáveis de produção e de consumo, a aprovação pelo Congresso Nacional dos textos que inclui, expressamente, referida proteção, nos moldes das diretrizes da ONU, reforçará a necessidade de preservarmos o meio ambiente, melhorando a qualidade de vida e garantido a sobrevivência das gerações futuras.

ANEXO 1 – LEI Nº 13.186/2015 – INSTITUI A POLÍTICA DE EDUCAÇÃO PARA O CONSUMO SUSTENTÁVEL

A PRESIDENTA DA REPÚBLICA
Faço saber que o Congresso Nacional
decreta e eu sanciono a seguinte Lei:

Art. 1º Fica instituída a Política de Educação para o Consumo Sustentável, com o objetivo de estimular a adoção de práticas de consumo e de técnicas de produção ecologicamente sustentáveis.

Parágrafo único. Entende-se por consumo sustentável o uso dos recursos naturais de forma a proporcionar qualidade de vida para a geração presente sem comprometer as necessidades das gerações futuras.

Art. 2º São objetivos da Política de Educação para o Consumo Sustentável:

I - incentivar mudanças de atitude dos consumidores na escolha de produtos que sejam produzidos com base em processos ecologicamente sustentáveis;

II - estimular a redução do consumo de água, energia e de outros recursos naturais, renováveis e não renováveis, no âmbito residencial e das atividades de produção, de comércio e de serviços;

III - promover a redução do acúmulo de resíduos sólidos, pelo retorno pós-consumo de embalagens, pilhas, baterias, pneus, lâmpadas e outros produtos considerados perigosos ou de difícil decomposição;

IV - estimular a reutilização e a reciclagem dos produtos e embalagens;

V - estimular as empresas a incorporarem as dimensões social, cultural e ambiental no processo de produção e gestão;

VI - promover ampla divulgação do ciclo de vida dos produtos, de técnicas adequadas de manejo dos recursos naturais e de produção e gestão empresarial;

VII - fomentar o uso de recursos naturais com base em técnicas e formas de manejo ecologicamente sustentáveis;

VIII - zelar pelo direito à informação e pelo fomento à rotulagem ambiental;

IX - incentivar a certificação ambiental.

Art. 3º Para atender aos objetivos da Política a que se refere o art. 1º, incumbe ao poder público, em âmbito federal, estadual e municipal:

I - promover campanhas em prol do consumo sustentável, em espaço nobre dos meios de comunicação de massa;

II - capacitar os profissionais da área de educação para inclusão do consumo sustentável nos programas de educação ambiental do ensino médio e fundamental.

Art. 4º Esta Lei entra em vigor na data de sua publicação.

Brasília, 11 de novembro de 2015; 194º da Independência e 127º da República.

DILMA ROUSSEFF
Aloizio Mercadante

Este texto não substitui o publicado no DOU de 12.11.2015

REFERÊNCIAS

ADAMS, John. **Risco**. São Paulo: Editora Senac, 2009.

AFONSO, Luiz Fernando. Princípio da precaução nas relações de consumo. **Revista Jus Navigandi**, Teresina, ano 16, n. 3028, 16 out. 2011. Disponível em: <http://jus.com.br/artigos/20248>. Acesso em: 7 maio 2015.

ALEXY, Robert. **Teoria dos direitos fundamentais**. São Paulo: Malheiros, 2008.

ARAÚJO, Karoline de Lucena. Consumo e meio ambiente: considerações do direito do consumidor à informação, como instrumento de sustentabilidade. CUNHA, Belinda Pereira da; AUGUSTIN, Sérgio (orgs.). **Sustentabilidade ambiental**: estudos jurídicos e sociais. Caxias do Sul: Educs, 2014. Ebook. p. 209-225. Disponível em: < http://www.ucs.br/site/midia/arquivos/Sustentabilidade_ambiental_ebook.pdf>. Acesso em: 04 maio 2015.

ARAGÃO, Maria Alexandra de Souza. A compra responsável e a prevenção de resíduos domésticos. In: **Conferência Nacional sobre a qualidade do ambiente**, Lisboa, n. 6, v. 1, Actas. Lisboa: Universidade Nova de Lisboa, p. 1-7, 1999.

BARBIERI, José Carlos. **Desenvolvimento e meio ambiente**: as estratégias de mudança da agenda 21. Rio de Janeiro: Vozes, 1997.

BARBOSA, Lívia. **Sociedade de consumo**. Rio de Janeiro: Jorge Zahar Editor, 2004.

BAUDRILLARD, Jean. **A Sociedade de Consumo**. Rio de Janeiro: Elfos, 1995.

BAUMAN, Zygmunt. **Vida para consumo**: a transformação das pessoas em mercadoria. Trad. Carlos Alberto Medeiros. Rio de Janeiro: Jorge Zahar Editor, 2008.

BECK, Ulrich. **Sociedade de Risco**: Rumo a uma outra modernidade. Trad. Sebastião Nascimento. São Paulo: Editora 34, 2010.

BENJAMIN, Antônio Herman V e. **Manual de Direito do Consumidor**. São Paulo: RT, 2007.

BENJAMIN, Antônio Herman V e. O controle jurídico da publicidade. **Revista de Direito do Consumidor**, São Paulo: RT, vol. 9, p. 25 – 57, jan.-mar. 1994.

BENJAMIN, Antônio Herman V et. al. **Código Brasileiro de Defesa do Consumidor comentado pelos autores do anteprojeto**. 9.ed. Rio de Janeiro: Forense Universitária, 2007.

BIERWAGEN, Mônica Yoshizato. **A informação ambiental na relação de consumo**. Direito ambiental – Direito do consumidor. 8 maio 2007. Disponível em <http://www.rkladvocacia.com/arquivos/artigos/art_srt_arquivo20080731122009.pdf>. Acesso em: 05 maio 2015.

BÔAS, Regina Vera Villas. Um olhar transverso e difuso aos direitos humanos de terceira dimensão – a solidariedade concretizando o dever de respeito à ecologia e efetivando o postulado da dignidade da condição humana. **Revista de Direito Privado**, São Paulo: RT, vol. 51, p. 11-34, 2012.

BOFF, Leonardo. **Ecologia**: grito da Terra, grito dos pobres. São Paulo: Ática, 1995.

BOURGOIGNIE, Thierry. A política de proteção do consumidor: desafios à frente. **Revista de Direito do Consumidor**, São Paulo:RT, vol. 41, p. 30-38, jan.-mar., 2002.

BRASIL. Supremo Tribunal Federal. **Recurso Extraordinário 201819 RJ**. Relatora Ministra. Ellen Gracie, 11 out. 2005. Disponível em: <http://stf.jusbrasil.com.br/jurisprudencia/762997/recurso-extraordinario-re-201819-rj>. Acesso em 10 out. 2014.

BRIGGS, Asa; BURKE, Peter. **Uma História Social da Mídia**: de Gutemberg à Internet. Rio de Janeiro: Jorge Zahar Ed., 2004.

BUTTEL, F.H. e LARSON, J.W. Whiter environmentalism? The future political path of the environmental movement. **Natural Resorces Journal**, n. 20, 1980.

REFERÊNCIAS

CANCLINI, Néstor García. **Consumidores e Cidadãos**: conflitos multiculturais da Globalização. Rio de Janeiro: Editora UFRJ, 2008.

CAMPBELL, Colin. **A Ética Romântica e o Espírito do Consumismo Moderno**. Rio de Janeiro: Rocco, 2001.

CHAVES, Glenda Rose Gonçalves. **A radionovela no Brasil**: um estudo de ODETTE MACHADO ALAMY (1913-1999). 2007. 144 p. Dissertação (Mestrado em Estudos Literários – Faculdade de Letras) Universidade Federal de Minas Gerais – UFMG, Belo Horizonte, 2007.Disponível em < http://www.ufrgs.br/napead/repositorio/objetos/fases-da-publicidade/textos/agenciaria_02.pdf>. Acesso em: 18 jun. 2015.

CONSUMERS International (CI). **Consumo sustentável**. São Paulo: Secretaria de Meio Ambiente/IDEC, 1998.

COMISSÃO MUNDIAL SOBRE MEIO AMBIENTE E DESENVOLVIMENTO. **Nosso futuro comum**. 2. ed. Rio de Janeiro: Fundação Getúlio Vargas, 1991.

COMPARATO, Fabio Konder. A proteção ao consumidor na Constituição Brasileira de 1988. **Revista de Direito Mercantil, Industrial, Econômico e Financeiro**, São Paulo, Nova Série, a. XXIX, n. 80, p. 66-75, out.-dez. 1990.

CRIANÇAS e consumo, uma relação delicada. **AKATU**: consumo consciente para um futuro sustentável. 15 out. 2007. Disponível em: <http://www.akatu.org.br/Temas/Consumo-Consciente/Posts/Criancas-e-consumo-uma-relacao-delicada>. Acesso em: 18 mar. 2015

DUARTE, Lílian C. B. **Política externa e meio ambiente**. Rio de Janeiro: Jorge Zahar Editor, 2003.

DUQUE, Marcelo Schenk. A proteção do consumidor como dever de proteção estatal de hierarquia constitucional. **Revista de Direito do Consumidor**, São Paulo: RT, vol. 71, p. 142 – 167, jul.-set. 2009.

EFING, Antonio Carlos; GIBRAN, Fernanda Mara. Informação para o pós-consumo: consoante à lei 12.305/2010. **Revista de Direito Ambiental**, São Paulo: RT, vol. 66. p. 209 -232, abr. – jun., 2012.

FEDERIGHI, Suzana Maria Pimenta Catta Preta. **Publicidade Abusiva**: Incitação à Violência. São Paulo: Juarez de Oliveira, 1999.

UNISINOS. Instituto Humanitas. **Soberania, governança global e ecossistema compartilhado em debate**. Entrevista especial com Gabriel Ferrer à faculdade Unisinos. 28 mar. 2014. Disponível em: <http://www.ihu.unisinos.br/entrevistas/529649-a-discussao-de-e-meu-ou-e-meu-faz-parte-do-passado-entrevista-especial-com-gabriel-ferrer>. Acesso em: 24 jun. 2015.

FORUM GLOBAL. **Tratados das ONG's**. Santos, Fórum Internacional das ONG's, 1992.

GARCIA, Leonardo de Medeiros. **Código de Defesa do Consumidor Comentado**: doutrina e jurisprudência. 11.ed. Salvador: Juspodivm, 2015.

GRAU, Eros Roberto. Interpretando o Código de Defesa do Consumidor: algumas notas. **Revista de Direito do Consumidor**, São Paulo: RT, vol. 5. p.183-189, jan. – mar., 1993.

GOMES, Carla Amado. Consumo sustentável: ter ou ser, eis a questão. **Revista do Ministério Público**, Lisboa: Sindicato dos Magistrados do Ministério Público, n. 136, p. 29-57, out.- dez. 2013.

HARTMANN, Ivan Alberto Martins. O princípio da precaução e sua aplicação no direito do consumidor: dever de informação. **Revista de Direito do Consumidor**, São Paulo: Revista dos Tribunais, n. 70, p.172-235, abr. – jun., 2009.

HOBSBAWN, Eric. **Era dos Extremos**: o breve século XX: 1914 – 1991. 2.ed. São Paulo: Companhia das Letras, 2003.

LAZZARINI, Marilena; GUNN, Lisa. Consumo sustentável. In: BORN, Rubens Harry (Coord.). **Diálogos entre as esferas global e local**: contribuições de organizações não--governamentais e movimentos sociais brasileiros para a sustentabilidade, equidade e democracia planetária. São Paulo: Petrópolis, 2002, p. 67-86.

LEITÃO, Manuela Prado. **Rotulagem Ecológica e o Direito do Consumidor à informação**. Porto Alegre: Verbo Jurídico, 2012.

REFERÊNCIAS

LEITÃO, Manuela Prado. A proteção ambiental entre deveres e direitos fundamentais do consumidor. **Revista Internacional Direito e Cidadania - REID**, n. 9, fev.-maio, 2011. Disponível em: <http://www.reid.org.br/?CONT=00000231>. Acesso em: 11 maio 2015.

LEMOS, Patrícia Faga Iglecias. **Direito ambiental**: responsabilidade civil e proteção ao meio ambiente. 2. ed. São Paulo: RT, 2008.

LEMOS, Patrícia Faga Iglecias. **Resíduos sólidos e responsabilidade civil pós-consumo**. 2. ed. São Paulo: RT, 2012.

LEMOS, Patrícia Faga Iglecias; SODRE, Marcelo. Consumo Sustentável. **Caderno de Investigações Científicas**, Brasília, vol. III, Brasília: Escola Nacional de Defesa do Consumidor do Ministério da Justiça, 2013.

LIPOVETSKY, Gilles. **A felicidade paradoxal**: ensaio sobre a sociedade do hiperconsumo. São Paulo: Companhia das Letras, 2007.

_____. **O império do efêmero**: a moda e seu destino nas sociedades modernas. 11. Reimpressão. São Paulo: Companhia das Letras, 2008.

LOCATELLI, Paulo Antônio. Consumo sustentável. **Revista de Direito Ambiental**, São Paulo: RT, vol. 19. p. 297-300, jul.-set., 2000.

PERALTA, Carlos E. Instrumentos fiscais na política nacional de resíduos sólidos (PNRS). A extrafiscalidade como mecanismo para incentivar a reciclagem. **Revista de Direito Ambiental**, São Paulo: RT, vol. 76/2014, p. 365 - 393, out – dez. 2014.

PFEIFFER, Maria da Conceição Maranhão. **Direito à informação e ao consumo sustentável**. 2011. 166 fls. Tese (Doutorado em Direito) – Faculdade de Direito da USP. Universidade de São Paulo, São Paulo.

MACEDO JÚNIOR, Ronaldo Porto. **Contratos relacionais e defesa do consumidor**. São Paulo: Max Limonad, 1998.

MANIET, Françoise. Os apelos ecológicos, os selos ambientais e a proteção dos consumidores. **Revista de Direito do Consumidor**, São Paulo: RT, vol. 4, p. 7-25, out. – dez., 1992.

MARQUES, Claudia Lima. **Contratos no Código de Defesa do Consumidor**: o novo regime das relações contratuais. 5.ed. São Paulo: Ed. RT, 2005.

MARQUES, Claudia Lima; MIRAGEM, Bruno. **O novo direito privado e a proteção dos vulneráveis**. São Paulo: RT, 2012.

MASSO. Fabiano Del. **Direito do consumidor e a publicidade clandestina**: uma análise jurídica da linguagem publicitária. Rio de Janeiro: Elsevier, 2009.

McCORMICK, John. **Rumo ao paraíso**: a história do movimento ambientalista. Rio de Janeiro: Relume-Dumará, 1992.

McCRACKEN, Grant. **Cultura e Consumo**: novas abordagens ao caráter simbólico e das atividades de consumo. Rio de Janeiro: Mauad, 2003.

McKENDRICK, Neil; BREWER, John; PLUMB, J. H. **The Birth of a Consumer Society**: The Commercialization of Eighteenth-Century England. Bloomington: Indiana University Press, 1982.

MEADOWS, Donella H; MEADOWS, Dennis L.; RANDERS, Jürgen; BEHRENS III, William W. **Limites do crescimento**. São Paulo: Editora Perspectiva AS, 1973.

MERICO, Luiz Fernando Krieger. **Introdução à economia ecológica**. Blumenau: Editora da Furb, 2002.

MILARÉ, Edis. **Direito do Ambiente**. 4.ed. São Paulo: RT, 2005.

MIRAGEM, Bruno. Proteção da criança e do adolescente consumidores: possibilidade de explicitação de critérios de interpretação do conceito legal de publicidade abusiva e prática abusiva em razão de ofensa a direitos da criança e do adolescente por resolução do Conselho Nacional da Criança e do Adolescente – Conanda, Parecer. **Revista de Direito do Consumidor**, São Paulo: RT, v. 23, n. 95, p. 459-495, out. 2014

MIRAGEM, Bruno. **Curso de direito do consumidor**. 5. ed. São Paulo: Ed. RT, 2014.

MONTEIRO, Antônio Pinto. O papel dos consumidores na política ambiental. **Revista de Direito Ambiental**, São Paulo: RT, vol. 11. p. 69 – 74, jul. – set., 1998.

MORAES, Márcia Amaral Corrêa. O Impacto da Mídia Publicitária e Relacional na Formação de Consumidores Jovens e Adultos. **Revista Luso-Brasileira de Direito do Consumo**, Curitiba, Bonijuris, n. 3, v. 2, p. 110-111, set. 2012.

MORAIS, Paulo Valério Dal Pai. **Código de Defesa do Consumidor**: O princípio da vulnerabilidade no contrato, na publicidade, nas demais práticas comerciais. 3. ed. Porto Alegre: Livraria do Advogado, 2009.

MORAIS, Paulo Valério Dal Pai. **Macrorrelação ambiental de consumo**: Responsabilidade pós-consumo ou relação coletiva de consumo? Porto Alegre: Livraria do Advogado, 2013.

MORIN, Edgar. **Introdução ao pensamento complexo**. 3. ed. Trad. Eliane Lisboa. Porto Alegre: Sulina, 2007.

MUKERJI, Chandra. **From Graven Images**: Patterns of Modern Materialism. Nova Iorque: Columbia University Press, 1983.

NERY JUNIOR, Nelson. **Código brasileiro de defesa do consumidor comentado pelos autores do anteprojeto**. 6.ed. Rio de Janeiro: Forense Universitária, 1999.

NERY JUNIOR, Nelson. Contratos no Código Civil – Apontamentos gerais. In: FRANCIULLI NETO, Domingos; MENDES, Gilmar; MARTINS, Ives Gandra da Silva (coords.). **O novo Código Civil** – Homenagem ao Professor Miguel Reale. 2. ed. São Paulo: Ed. LTr, 2006, p. 418-464.

NOVAIS, Fernando; MELLO, João Manuel Cardoso de. Capitalismo tardio e sociabilidade moderna. In: SHWARCZ, Lilia. (org.). **História da Vida Privada no Brasil**. São Paulo: Companhia das letras, 2007. p.560-658.

NUNES, Rizzatto. **Curso de Direito do Consumidor**. 2.ed. São Paulo: Saraiva, 2005.

PENNA, Carlos Gabaglia. **O estado do planeta**: sociedade de consumo e degradação ambiental. Rio de Janeiro: Record, 1999.

PFEIFFER, Maria da Conceição Maranhão. **Direito à informação e ao consumo sustentável.** 2011. 166 fls. Tese (Doutorado em Direito) – Faculdade de Direito da USP. Universidade de São Paulo, São Paulo.

PORTILHO, Fátima. **Sustentabilidade ambiental, consumo e cidadania**. 2.ed. São Paulo: Cortez, 2010.

RIBEMBOIM. Jacques (org.). **Mudando os padrões de produção e consumo**. Brasília: IBAMA/MMA, 1997.

ROCHA, Julio Cesar de Sá da. ISO 14001 e proteção ambiental. **Revista de Direito Ambiental**, São Paulo: RT, vol. 30, p. 113-126, abr.–jun., 2003.

SACHS, Ignacy. **Estratégias de transição para o século XXI**: desenvolvimento e meio ambiente. Trad. Magda Lopes. São Paulo: Studio Nobel – Fundação do Desenvolvimento Administrativo, 1993.

SARRETA, Cátia Rejane Liczbinski. **Meio ambiente e consumo sustentável**: Direitos e deveres do consumidor. Passo Fundo: UPF Editora, 2007.

SCHWARTZ, Fabio. A defesa do consumidor como princípio da ordem econômica – pressuposto inarredável para a atuação dos órgãos públicos e imprescindível para o desenvolvimento sustentado do país. **Revista de Direito do Consumidor**, São Paulo: RT, vol. 94, p. 15-34, jul. – ago., 2014.

SINGER, Paul. Interpretação do Brasil: uma experiência histórica de desenvolvimento. In: FAUSTO, Boris (org.). **História geral da civilização brasileira**. 3. ed. São Paulo: DIFEL, 1984, p. 209-245. Vol. 4 - Economia e cultura (1930-1964), t. III – Brasil Republicano.

SILVA, José Afonso da. **Direito ambiental constitucional**. 6. ed. São Paulo: Malheiros, 2007.

SOARES; Inês Virgínia Prado. Meio ambiente e relação de consumo sustentável. **B. Cient. ESMPU**, Brasília, a. 4, n.17, p. 54-55, out.-dez., 2005.

SODRÉ, Marcelo. **A construção do Direito do Consumidor**: Um estudo sobre as origens das leis principiológicas de defesa do consumidor. São Paulo: Atlas, 2009.

SODRÉ, Marcelo Gomes. **Formação do Sistema Nacional de Defesa do Consumidor**. São Paulo: RT, 2007.

SODRÉ, Marcelo Gomes. Padrões de consumo e meio ambiente. **Revista de Direito do Consumidor**, São Paulo: RT, vol. 31, p. 29, jul. – set., 1999.

SOUZA, Miriam de Almeida. **A política legislativa do consumidor no direito comparado**. Belo Horizonte: Nova Alvorada Edições, 1996.

TRAJANO, Fábio de Souza. O princípio da sustentabilidade e o direito do consumidor. **Revista de Direito do Consumidor**, São Paulo: RT, vol. 71, p. 65 -76, jul. – set., 2009.

XAVIER, José Tadeu Neves. Os limites da atuação publicitária na condução de comportamentos sociais o valor da ética no controle jurídico da publicidade. **Revista de Direito do Consumidor**, São Paulo: RT, vol. 81, p. 117-143, jan. – mar., 2012.

WILLIANS, Rosalind H. **Dream Worlds**: Mass Consumption in Late Nineteenth Century France. Berkeley: University of California Press, 1982.

www.editorajuspodivm.com.br

Tel.: (11) 2225-8383
www.markpress.com.br